中国传统文化的价值与创新应用研究

◎邓祖禄 著

图书在版编目（CIP）数据

中国传统文化的价值与创新应用研究 / 邓祖禄著
. -- 湘潭 : 湘潭大学出版社, 2023.9
ISBN 978-7-5687-1205-7

Ⅰ. ①中… Ⅱ. ①邓… Ⅲ. ①中华文化－研究 Ⅳ.
① K203

中国国家版本馆 CIP 数据核字 (2023) 第 158106 号

中国传统文化的价值与创新应用研究
ZHONGGUO CHUANTONG WENHUA DE JIAZHI YU CHUANGXIN YINGYONG YANJIU
邓祖禄 著

责任编辑：李志红
封面设计：张 波
出版发行：湘潭大学出版社
社　　址：湖南省湘潭大学工程训练大楼
电　　话：0731-58298960 0731-58298966（传真）
邮　　编：411105
网　　址：http://press.xtu.edu.cn/
印　　刷：长沙创峰印务有限公司
经　　销：湖南省新华书店
开　　本：710 mm×1000 mm 1/16
印　　张：13.25
字　　数：201 千字
版　　次：2023 年 9 月第 1 版
印　　次：2023 年 9 月第 1 次印刷
书　　号：ISBN 978-7-5687-1205-7
定　　价：48.00 元

前 言

文化是一个民族政治、经济发展的重要体现，是一种凝结历史、承载现在又昭示未来的变迁过程。任何民族的当下文化都是经过长期积淀、传承的结果，其发展都是在不断吸收、融合优秀传统文化的基础上实现的。中国传统文化是中华民族的祖先在漫长的历史发展长河中用劳动和智慧创造的光辉灿烂的文化，是中华民族的灵魂，是反映中华民族特质和风貌的民族文化，是中国特色社会主义文化发展的动力。中国传统文化历史悠久，内涵丰富，内容广泛，博大精深，从哲学、道德、教育、伦理、思想，到文学、科技、风俗、建筑、艺术等都是中国传统文化的重要组成部分。

中国传统文化是中华民族共同的精神记忆，是中华民族独有的文化基因，是中华民族复兴的根基与文化自信的本源。中国传统文化凝结过去，承载现在，昭示未来，为社会主义市场经济发展提供价值导向，为社会主义核心价值观提供思想源泉，为伟大复兴中国梦的实现提供助力，具有重大的当代价值。

但是，随着改革开放的进程逐步推进，中国传统文化加强了与世界其他民族文化的沟通与交流。一方面，中国传统文化得以走出去，世界开始了解到中国传统文化的魅力；另一方面，中国传统文化对其他优秀文化进行吸收、借鉴，也进一步丰富了自身的体系。因此，中国传统文化必须要发展、要创新。我们要从今天中国社会发展的需求出发，对中国传统文化资源进行创新型开发，并进行创造性转化，从而使其可以在新时期中国社会发展中继续发挥作用。本书就在中国传统文化基础理论解读的基础上，解读其中蕴涵的价值，研究中国传统文化在当今社会创新应用的路径。

本书内容翔实，结构合理，为读者了解中国传统文化提供了资料借鉴。另外，本书在撰写过程中得到了众多学者的支持和鼓励，同时参考和借鉴了有关专家、教研人员的研究成果，在此表示诚挚的感谢！由于作者水平有限，本书难免存在不足和疏漏之处，诚望广大读者批评指正。

目 录

第一章 中国传统文化的理论基础

中国传统文化博大精深,源远流长。在中国传统文化长期发展过程中,由于人民群众社会实践的推动和思想家们的概括提炼,其逐渐形成了一系列优秀的文化传统。这些优秀的文化传统固然有文明和文化的一般共性,但由于是在中国特定的社会历史条件下孕育的,因而其又具有鲜明的特点。本章就对中国传统文化的内涵、特征等基本理论进行详细的介绍。

第一节 中国传统文化产生的根基

一、地理环境

不同的地理环境,是不同的文化类型和不同的文化特性产生的内在物质基础。中国传统文化是在中华大地上特有的地理环境中生成和发展起来的。我们要注意的是,地理环境是发展变化的,历史上的地理环境不等于现在的地理环境。所以,考察中国传统文化的地理环境,必须要在当时的地理环境下进行。

(一)中国地理环境分析

中国先民的活动范围,早在秦、汉时期即已大体确定。公元前210年,秦朝的疆域北起套河、阴山山脉和辽河下游流域,南至今越南东北和广东大陆,西起陇山、川西高原和云贵高原,东至于海。西汉时期,匈奴呼韩邪单于降汉,漠北广大领域均属汉朝,张骞通西域,设西域都护,西部疆域扩展到今新疆大部;又争取乌桓(今辽宁一带)归汉,设立乌桓校尉;还开发西南夷,闽、粤、黔、滇都设置郡县。唐朝和元朝的北界都远达今俄罗斯的西伯利亚,唐朝的西界一度抵达中亚的咸海。清朝乾隆年间,中国疆域北起萨彦岭、额尔古纳河、外兴安岭，南至南海诸岛，西起巴尔喀什湖、帕米尔高原，东至库页岛，总面积达1000多万平方公里。1840年鸦片战争后，一系列不平等条约的签订，帝国主义攫取了中国的大片领土。今天，中国国土面积为约960万平方公里，次于俄罗斯和加拿大，居于世界第三位。

我国地处亚洲东部，太平洋西岸。高山、高原以及大型内陆盆地主要分布在西部，丘陵、平原以及较低的山地多见于东部，宽阔缓斜的大陆架则在我国大陆东南侧延伸于海下。所以，我国地势总体走向是西高东低，依次递降，呈现出落成明显的阶梯（习惯上称为“三大阶梯”）。青藏高原是最高一级阶梯，海拔在4000米以上，许多山峰超过7000米，被称为“世界屋脊”。青藏高原东侧是举世闻名的横断山高山峡谷地带，著名的亚洲大河——长江、黄河、澜沧江都发源于此。青藏高原以东，以北至大兴安岭、太行山、伏牛山、雪峰山一线为第二阶梯，海拔高度在1000—2000米。塔里木盆地、准噶尔盆地、吐鲁番盆地、四川盆地和阿拉善高原、蒙古高原、鄂尔多斯高原、黄土高原、云贵高原等都在这一区域。第二阶梯以东，便是海拔在500米以下的东北平原、华北平原、黄淮平原、长江中下游平原以及江南红土层丘陵盆地，其中仅少数山峰高达3000米以上，是第三阶梯。

我国领土大部分处于北温带，但由于地势的影响，东部尤其是东南沿海，温润多雨；西部则寒冷少雨。东部土壤肥沃，河道纵横，适宜耕作；西部尤其是高山、沙漠地区，则只适宜放牧。因此，全国大部分人口集中在东半部。

自从直立人在中华大地上出现至今的数百万年间，虽然我国的历史时期只有数千年，但大陆地理环境却发生了“沧海桑田”的变化。这些变化主要发生在第二阶梯和第三阶梯内，主要表现为：第一，海陆变迁。由于受到全球气候冷暖变化及地质条件变化的影响，此间曾经历了数次海进海退的变化。从辽东湾到杭州湾之间不少沿岸地区都是在最近两三千年间陆续成陆的，但也有一些陆地重新沉入大海。第二，湖泊变迁。有的湖泊改变了形状和面积，有的湖泊完全消失，也产生一些新的湖泊。第三，水道和水系的变迁。在漫长的历史发展过程中，许多河流都曾经历过多次的决溢和改道，其中尤其以黄河和海河水系的变迁最为剧烈。第四，高原变迁。由于土地的过度开垦使高原地带出现了日趋严重的水土流失、地形破碎，并进一步导致耕地面积减少，生态环境日趋恶劣。第五，沙漠变迁。有些地方沙漠面积日趋扩大，吞没了一些绿洲和城市，也有一些地方的沙漠治理成效显著，风沙消减，沙漠后退。[①]

(二)中国地理环境对中国传统文化形成的影响

地理环境是人类赖以生存和发展的物质基础，也是人类进行文化创造等精神活动的基础。不同的地理环境，不同的生产方式和生产力发展程度，影响不同的文化类型的形成。在这里要注意的问题是，我们强调地理环境对文化形成的影响作用，是在充分肯定物质生产方式、生产力水平以及由此决定的各种各样的生产关系、经济关系的前提下来认识和理解这一问题的，而不是单纯的地理环境决定论。中国大陆对中国传统文化的形成和发展的影响主要表现如下：

1.使中国古代文化形成了相对独立发展的格局

中国一面临海、三面环山的特殊地理环境，使中国成为一个相对独立的地理单元。相对独立的地理单元造就文化的相对独立发展空间。在生产力不发达的古代，地理上的天然阻隔，使得中国文明与世界上其他文明缺乏接触，中国文化基本上是独立发展的。中国古代文化发祥早，水平高，从秦、汉到隋、唐、宋，长期处于周边国家政治、经济的中心地位，并给予包括朝鲜半岛、日本列岛、印度支那半岛和东南亚各地等以巨大影响，形成“东亚文化圈”。中国没有了向外扩张的野心，养成了独立经营、和平温顺的国民性格。

2.使中国文化按其自身规律自然发展并绵延不绝

中华大地疆土广袤，其内部平原广阔，黄河、长江流域平原毗连，在政治、经济、文化以及军事上较海洋诸岛易于统一，所以历史上不论是强悍的游牧民族南侵，还是近代西方列强的强取豪夺，中国纵使丧失了首当其冲的黄河流域，但由于腹里纵深，有着极为宽绰的回旋余地，中华民族并未消亡，中国文化

① 李乾夫，李鸿昌，杨更兴，杨增发.中国传统文化概论[M].昆明：云南大学出版社，2015：11.

继续绵延不绝。与中国同处近似纬度地带的尼罗河流域文明、两河流域文明和印度河流域文明，在其发展过程中相继中断，唯有中国文化在与外来文化的碰撞中，表现出对异质文化的巨大涵摄能力，最终将其融为本土文化中，原因之一也在于此。

3.形成了中国文化的多元一体格局

中国幅员辽阔、气候多样、地形复杂，国土范围内，客观上又存在着纵横交错、特征各异的自然地理区域。不同的地理环境和物质条件，使人们形成了不同的生活方式与思想观念，并有着不同的风俗习惯：如生活在中原地带的农民因对农业重视和对土地依赖，有着重农轻商和安土重迁的观念；生活在海滨的人们把海洋视为生活的必需和财富的来源，致力于渔业、盐业的发展和海上交通与海外联系的拓展；生活于西域的人们则凭借交通之咽喉要道，大力发展商业；生活于秦汉长城沿线以北的人民则以游牧为主，只能以迁徙和战斗来对付自然环境和异族的压力。所以，在中华大地上，存在多样的文化。如高原区的牧畜文化、林区的狩猎文化、海滨的渔业文化、平原区的农业文化等。

总之，强烈的地域特点使中国文化的多样性非常明显，各民族内聚、多元文化融合也成为中国传统文化的发展趋势。

二、经济因素

（一）中国以农耕经济为主体的经济形态

东亚大陆得天独厚的地理环境，孕育了中华民族以农耕经济为主体的经济生产形态。中国大陆地势西高东低，中原地区土壤肥沃，气候适宜，雨水丰沛，为农业文明的诞生和发展提供了有利的条件。

农业在国民经济和社会政治中占据主要地位，夏、商、周三代辉煌的农业文明，为中国传统文化的发展打上了最为深厚的底色。

三代以来，历代王朝都把重农作为治国之道。以农立国的国策、农耕农具的改进和耕作技术的提高，大大促进了我国农业文明的发展。春秋战国时期，诸侯征战，而商鞅的“耕战”政策使秦国国力大增，最后统一六国。秦、汉以后，大一统后的中国更是把“重农固本”奉为治国的不易之道。汉、晋以后，中原农耕文明南迁，农耕区的中心逐渐从黄河流域向长江中下游和江南地区转移。隋、唐以后，长江中下游区域迅速成为京都粮食、布帛的主要供应地。在近代商品经济得以充分发育之前，中国经济结构的主体一直都是农业自然经济。当然，除了农耕经济外，北方草原自古生活着游牧民族。从早期的匈奴人到后期的突厥人、蒙古人都是以游牧经济为主的民族。从夏、商、周三代时起，一直存在有东南农耕文明与西北游牧文明的并立互存、相互影响和碰撞融合，但始终未打破农耕经济的主体格局。

(二)以农耕经济为主体的经济形态对中国传统文化的影响

这种以农耕经济为主体的经济形态，对中国传统文化有着重大影响，主要表现如下。

1.农耕经济的持续性造就了中国传统文化的持续性

夏、商、周三代以来，中国历史经历了战乱与稳定的周期性运动。王朝的兴衰更替不可避免，短期的国家分裂时有发生，特别是北方游牧民族的侵扰与入主中原，都曾在中国历史的不同时期掀起悲惨壮烈的一幕。然而，中国的农耕经济依然向前发展，而建立在这一基础上的中华文明亦未曾被割断。相反地，短期的战乱与分裂，更增进了中国文化的坚韧性和向心力。所以，传统农业的持续发展保证了中华文明的绵延不断，使其具有极大的承受力、愈合力和凝聚力。

2.农耕经济的多元结构造就了中国传统文化兼收并蓄的包容性

一方面，中华大地幅员辽阔，各地的自然条件千差万别，社会政治文化诸方面的发展水平也多有差异。因此，古代中国又形成了不同区域文化的格局，如齐鲁文化、楚文化、吴越文化、三晋文化、秦文化等。这种不同区域文化的格局也导致了中国文化的多元结构。然而随着中国农耕经济的周边扩展，中国文化的包容性格又促使这些区域文化相辅相成、渐趋合一。

另一方面，中国文化还长期汲取周边少数民族的优秀文明，使之交相辉映，增添异彩。再有，对待外域文化，中华民族亦能敞开博大胸怀，取其精华，弃其糟粕。近代以来,面对西方列强的欺凌压迫,大批热血知识分子,仍然不忘吸取西方文化。这种文化开放形态,正是中国文化有容乃大的包容性格的表现。

3.农耕经济的早熟造就中国传统文化的凝重性

从根本上讲,中国农耕经济的多元成分结构,一方面促进了中国封建社会经济的充分发育,造就了灿烂辉煌的中国古代文化,另一方面又使得中国农耕经济不成熟。与西欧社会相比,许多到西欧中世纪末期才出现的社会经济现象,诸如商品生产、城市经济、土地的买卖、农民的相对离土自由、土地的租赁等在中国早就出现了。但中国社会经济的这些早熟现象,始终未能走上成熟的阶段。加上这些早熟的经济因素往往与社会、政治等诸条件不相匹配,从而导致了经济发展的失调。在这种内部机制的自我制约下,中国的资本主义生产方式萌芽长期处于缓慢的发展状态中,这造成了中国文化的早熟性和凝重性。如早在先秦时期,我国就有“敬德保民、民为邦本”的思想。这种民本意识,曾受到西欧启蒙思想的高度赞赏,但在中国却未得到正常的发展。

随着中国封建社会的历史进程的推进,中国传统文化日益显露出凝重的保守性格。直到近代,中国人前仆后继、开放改革,焕发了自强自新之精神,使中国文化重新获得了生命活力。

三、社会组织结构

(一)“宗法—专制”的社会组织结构

中国古代形成了以血缘宗法制度和君主专制制度相结合的“宗法—专制”的社会组织结构。中国古代的血缘宗法制度和君主专制制度确保了每个社会成员都按照血缘的远近亲疏被固定在相应的社会组织环节中。

所谓宗法,是宗族内部以血缘关系为基础,标榜尊崇共同的祖先,区分尊卑长幼,规定继承秩序,确定宗族成员不同的权利和义务的法则。宗法制度是氏族社会的血缘关系在新的历史条件下演化而成的。原始社会的血缘关系以原始民主制为基础,文明社会的血缘关系以阶级专政为基础。我国宗法制孕育于商代,定型于西周。这种制度是从父权社会演化而来的,用父子血缘亲情来维系王权的威严和稳定。

与中国宗法制紧密相连的是专制政体的长期持续,这构成了中国古代社会组织结构的显著特点之一。中国君主专制的阶级基础是奴隶主和地主,所依赖的经济基础是农业和小手工业相结合的自然经济,统治者普遍采取对工商业和贸易压制的态度,“重农抑商”成为历代统治者的基本国策。这种专制制度,出现于战国末年,完成于秦汉之际,并一直持续两千余年之久,与欧洲中世纪后期形成的君主专制比较,中国的君主专制不但形成早、持续久,而且君权高于神权,并形成对社会生活各个层面的严密控制,包括用户籍、里甲制度牢笼人身;用政治控摄文化、以权力干预学术等。形成此特点一方面与中国古代社会建立在以宗法血缘为纽带的家族关系基础之上有关,国家关系、君臣关系只不过是家族关系的扩大和延伸;另一方面与中国历代君主以天下大宗自居,视天下如家庭的观念有关。

(二)“宗法—专制”的社会组织结构对中国传统文化的影响

中国古代“宗法—专制”的社会组织结构,对中国传统文化造成多方面的影响。主要表现如下。

首先,社会结构的宗法性特征促进了整个社会的血缘亲情意识的形成,使得中华民族具有了较强的凝聚力,不仅增强了人民的道德觉悟,还增强了人与人之间的温情。但是,也促使中国人民产生了盲目排外的心理,狭隘、自私自利的小农意识也使得中国人缺乏进取意识,容易自我满足。

其次,中国社会结构的专制性特征,造就了民族心理上的文化认同,既要忠君,又要报国。即所谓的“忠孝相通”“求忠臣于孝子之门”“家国同构”“忠孝同义”。在君主专制的国家里,权力是物质生活的直接体现,对政治权力的谋取必然成为谋取经济利益、提高社会地位的重要途径,所以中国文化有“学而优则仕”的传统。

最后,血缘宗法和专制制度相结合,在政治上的表现形式为儒法合流,在文化上则是伦理政治化和政治伦理化的反映。用政治伦理秩序代替法律秩序,政治大于法律,伦理也大于法律,因而像西方国家“法律面前人人平等”的观念在中国古代很难找到立足之地。这种价值取向突出地表现为“内圣外王”的心态,即修身、齐家、治国、平天下的人生理想和追求。这一特点,在先秦时期就已形成,以后虽然形式上发生过变化,但还是一直延续下来。

第二节　中国传统文化的内容与特征

一、中国传统文化的内容

中国传统文化也是由精神、制度和物质三个层面文化要素构成的文化系统。为了深入研究中国传统文化当代价值,下面分别对这三个层面的文化要素进行简要梳理和阐释。

(一)精神文化

精神层面文化代表着人类认识世界的精神成果。中华民族在漫长的社会历史实践中,经过不懈的探索和长期的积累,产生了博大精深的精神成果,为中华民族的发展壮大提供了丰厚的精神滋养。下面列举以下主要的精神层面文化成果。

1.民族精神

民族精神作为一个民族所特有的、迥异于其他民族并为整个民族成员所共同享有的认知情感系统、理想信念系统和价值意义系统,它内化为民族性格、民族心理和民族意识,外化为民族文化、民族制度和民族成员的生产生活方式和社会交往方式等。民族精神凝聚着一个民族生存与发展的精、气、神,是一个民族安身立命的精神家园。①

民族精神是一个民族在长期生存发展过程中积淀形成的精神品质,是一个民族维护团结统一、应对风险挑战的精神支柱。在五千多年的发展中,中华民族形成了以爱国主义为核心的团结统一、爱好和平、勤劳勇敢、自强不息的

① 张中文.新时代中华民族精神的文化生成基础[J].河北省社会主义学院学报,2019(1).

伟大民族精神。爱国主义是中华民族精神的核心，深深植根于民族心理之中，成为中国传统文化的精神基因，至今强烈感染和影响着中华儿女。团结统一精神是中华民族始终能够保持完整统一、不断发展壮大的坚强精神纽带。中国历史上虽时有分裂，但民族团结和国家统一始终是中华民族历史的主流，反对分裂、维护统一的意识根深蒂固。爱好和平是中华民族在处理国与国、民族与民族关系时所表现出的一种高贵精神追求。勤劳勇敢是中华民族的重要精神品质，“业精于勤”“天道酬勤”表现了中华民族勤劳的一面，“见义勇为”“英勇不屈”则表现了中华民族勇敢的一面。自强不息是中华民族不断发展壮大的精神动力，中华民族生生不息、发展壮大的历史，就是一部自强不息、开拓创新的辉煌史。伟大的中华民族精神，是中国传统文化的重要组成部分。

2. 传统美德

建设和谐文明、繁荣昌盛的社会主义强国，实现中华民族复兴的伟大梦想，离不开弘扬中华民族的传统美德。它是我国社会主义精神文明建设的重要部分，对加快我国现代化建设具有重要意义。在中华民族源远流长、丰富多彩、博大精深的伦理文化遗产中，很多优秀传统直到今天仍然有着强大的生命力，它是中华民族宝贵的精神财富，凝聚着中华民族的智慧和力量。弘扬我国优秀的传统美德，必将极大地丰富社会主义精神文明建设的内涵，加快中华民族复兴的步伐。①

中华民族是一个非常崇尚道德的民族，中国古人很早就提出和形成了内容丰富、体系完备的道德规范。以儒家为例，《论语》就提出了仁、礼、孝、悌、忠、恕、恭、宽、信、敏、惠、温、良、俭、让、诚、敬、慈、刚、毅、直、克己、中庸等一系列德目。汉代以后又形成了影响深远的“三纲”（君为臣纲、父为子纲、夫为妻纲）和“五常”（仁、义、礼、智、信）。客观地说，这些道德规范中，不乏封建毒素和糟粕，但主流是中华民族的传统美德。中华传统美德内涵丰富，“亲亲而仁民，仁民而爱物”的仁爱精神，“富贵不能淫，贫贱不能移，威武不能屈”的高贵

① 武素娟，郭琦，于幸福. 浅议弘扬中华民族传统美德与现代社会文明建设[J]. 中国民族博览，2017(11).

人格,“天下兴亡,匹夫有责”的爱国情怀,“君子坦荡荡”的个人修养,“己所不欲,勿施于人”的处事原则,都是中华传统美德的生动写照。有学者将中华传统美德概括为十项:仁爱孝悌、谦和好礼、诚信知报、精忠爱国、克己奉公、修己慎独、见利思义、勤俭廉正、笃实宽厚、勇毅力行[①]。中华传统美德涵盖了个人在家庭、社会和国家为人处世、安身立业的道德准则,是中华民族赖以生存和发展的重要道德保障。

3.文学艺术

在中国传统文化中,文学艺术作品数量大、水平高,是中华民族足以为傲的民族宝藏。在文学方面,中国古代文学取得了巨大成就。王国维说:“凡一代有一代之文学:楚之骚,汉之赋,六代之骈文,唐之诗、宋之词、元之曲,皆所谓一代之文学也,而后世莫能继焉者也。”[②]诚如斯言,至今流传下来的诗经、楚辞、汉赋、唐诗、宋词、元曲、明清小说等众多文学精品,在思想性和艺术性上都达到了世界顶级水平。屈原、陶渊明、李白、杜甫、白居易、苏轼等人的古典诗词,《红楼梦》《三国演义》《水浒传》《西游记》《儒林外史》《聊斋志异》等古典小说,不仅影响了中国,而且影响了世界。另外,《孟子》《庄子》《韩非子》《吕氏春秋》等先秦诸子作品,《左传》《史记》《汉书》《资治通鉴》等历史作品,也都具有很高的文学价值。在艺术方面,从原始彩陶、青铜纹饰到明清时期的书法绘画,中国在建筑、雕刻、书法、绘画、音乐、戏剧等方面都取得了辉煌的艺术成就。如王羲之、颜真卿、柳公权、张旭、苏轼、黄庭坚、董其昌等的书法,阎立本、王维、黄公望、倪瓒、唐寅等的画作,关汉卿、王实甫、马致远、白朴、汤显祖等的戏剧,代表了中国古代艺术达到的高超境界。

4.思维方式

思维方式是人们观察世界、认识世界的角度、方式和方法,思维方式的差异是造成文化差异的重要原因。与其他民族相比,中华民族有着独特的思维

---

① 张岱年,方克立.中国文化概论(修订版)[M].北京:北京师范大学出版社,2004:212-218.

② 王国维.宋元戏曲史[M].北京:中华书局,2010:1.

方式。中国传统的思维方式,一是重整体。庄子说:“泛爱万物,天地一体也。”(《庄子·天下》)明代王守仁说:“天地万物为一体。”中国古人注重从整体上观察事物,认为小到个人、大到天地万物都是有机联系的整体。

二是讲辩证。中国古人认为万事万物都体现着对立统一,只有辩证把握这些对立统一,不走极端,才能保持平衡、达到和谐。老子主张:“有无相生,难易相成,长短相形,高下相倾,音声相和,前后相随。”(《道德经》第二章)孔子主张:“欲速则不达”“过犹不及”。《左传》也提出:“宽以济猛,猛以济宽,政是以和。”(《左传·昭公二十年》)这些都体现了讲辩证的思维方式。

三是尚体悟。孔子说:“不愤不启,不悱不发,举一隅不以三隅反,则不复也。”(《论语·述而》)庄子说:“蹄者所以在兔,得兔而忘蹄。言者所以在意,得意而忘言。”(《庄子·外物》)禅宗也强调“悟”,六祖慧能就认为:“若识自性,一悟即至佛地。”(《坛经》)理学大师朱熹说:“至于用力之久,而一旦豁然贯通焉,则众物之表里精粗无不到,而吾心之全体大用无不明矣。此谓物格,此谓知之至也。”(朱熹《大学章句》)这些论述都可看出中国古人对体悟的崇尚。

(二)制度文化

制度层面文化代表着人类营造社会关系、规范社会行为的制度成果。中华文明历史悠久,传统文化经历了原始社会、奴隶社会和封建社会三种社会形态,在不同的历史时期产生了不同的制度文化,为形成有序的社会关系、良好的社会风尚提供了制度保障。下面列举主要的制度层面文化成果。

1.政治制度

政治制度一方面是经济制度的集中反映,另一方面又反作用于经济制度,广泛规范约束人们的行为,影响和制约社会的思想意识。[①]从这个层面来讲,政治制度反映着一个社会的制度体系的性质,规定着社会的基本制度及其他制度的性质,决定着整个制度文化的性质,从而影响着整个制度体系对凝聚民族精神、整合民族力量作用的发挥。

---

① 吴祖鲲,王慧姝,马伟.本土文化传承与民族凝聚力提升研究[M].长春:吉林人民出版社,2016:103.

政治制度是特定社会统治阶级通过组织政权以实现其政治统治的原则和方式。中国古代在国家管理体制、政府机构设置、政策实行措施等方面都探索形成了一些具有民族特色的政治制度，涉及行政、司法、监察、选官、教育、财政等国家治理的各个方面。比如中国古代的选官制度，秦朝以前主要采用“世卿世禄”制度，后来逐步引入军功爵制。汉代采用察举制与征辟制，在选拔官吏的科学性、合理性上有所进步。魏晋南北朝实行九品中正制，一度造成“上品无寒门，下品无势族”(《晋书·刘毅传》)的现象，严重阻碍了人才的科学选拔。隋唐开始实行科举制度，通过考试选拔官吏。科举制度在明清时期“走入”歧途，因很多弊端而备受诟病，但它相较以前的选官制度更加公平公正，打破了阶级壁垒，为国家选拔了大量品学兼优的人才，促进了社会进步。再比如监察制度，据《周礼》记载，中国早在周代便设有治贪促廉的监察官，秦汉以来历朝历代都设有相应的监察机构，形成了较为完备的监察制度，一定程度上减少了贪腐行为，促进了政治清明。科举制度和监察制度等传统政治制度，虽然是阶级社会实行政治统治的工具，但它们的产生和实行一定程度上促进了社会发展，即使对于今天的制度建设依然具有积极的借鉴意义。

2. 民俗节日

民俗节日是民族文化的重要组成部分，是民族的一种生存生活方式，也是一个民族的重要文化标识。中国历史悠久、民族众多、疆域辽阔，既形成了中华民族共有的民俗节日，也形成了具有少数民族特色的民俗节日；既形成了全国性的民俗节日，也形成地方性的民俗节日。它们共同构成了我国千姿百态、丰富多彩的民俗节日文化。

我国在长期的历史发展中，形成了以春节、元宵、清明、端午、七夕、中秋、重阳等为代表的传统节日，每个节日都代表了各具特色的传统风俗。描写春节的诗歌《元日》写道：“爆竹声中一岁除，春风送暖入屠苏。千门万户曈曈，总把新桃换旧符。”描写重阳节的诗歌《九月九日忆山东兄弟》写道：“独在异乡为异客，每逢佳节倍思亲。遥知兄弟登高处，遍插茱萸少一人。”这些著名诗歌生动形象地反映了中国传统节日的独特风俗和独特魅力。

除了上述影响范围较大的民俗节日外,我国一些少数民族也有着自己民族独特的节日,如彝族的火把节、藏族的燃灯节、高山族的丰收节、苗族的开秧节、壮族的牛魂节、傣族的泼水节、蒙古族的白节,等等。

随着全球化的推进和各国文化交流的深入,传统民俗节日文化受到一定冲击,但其依然有着顽强的生命力和强大的影响力。

(三)物质文化

物质层面文化代表着人类改造世界的物质成果。这方面的文化带有较强的生活目的性,主要是为满足人的生产生活需要而创造的物质文化。中国古代物质层面文化内容十分丰富,有学者将其分为十一类:农业与膳食,酒、茶、糖、烟,纺织与服装,建筑与家具,交通工具,冶金,玉器、漆器、瓷器,文具、印刷,乐器,武备,科学技术。[1]下面列举主要的物质层面文化成果。

1.历史文物

中华民族历史悠久,遗留下来的历史文物众多,它们是我们祖先辛勤劳动和聪明才智的结晶,是历史的见证、文化的范本,具有重要的历史、艺术和科学价值。我国古代流传下来的文物数量巨大、种类繁多,通常被分为两类:一类是不可移动文物,如古遗址、古建筑、古墓葬、石窟寺等,这其中的一些重要古迹,已经被联合国教科文组织确定为世界文化遗产。中国世界遗产数多种多样,包括长城、故宫、颐和园、敦煌莫高窟、秦始皇陵及兵马俑坑、布达拉宫、龙门石窟、云冈石窟、丽江古城、丝绸之路、中国大运河,等等。另一类是可移动文物,如历代的石器、玉器、陶器、瓷器、金属器、石刻、玺印、书画、文献、拓片、笔墨纸砚等,这一类文物的数量更为巨大,诸如司母戊铜鼎、曾侯乙编钟、四羊方尊、马踏飞燕、越王勾践剑、富春山居图、清明上河图等,堪称“国宝”。近代以来,中国历史文物多灾多难,被掠夺、毁坏乃至遗失的不可胜数,造成我们民族文化的巨大损失。

---

① 孙机.中国古代物质文化[M].北京:中华书局,2014:1.

2.传统饮食

民以食为天,中华民族从用火烹制食物开始,就逐渐形成了丰富多彩的饮食文化。据学术界研究,中国古代的饮食文化产生于夏商,形成于周代。《礼记·内则》就记载了周代食物制作的多种方法,包括煎、熬、炸、炖、炙、熏烤等多种形式,显示了当时的饮食文化已经达到了较高水平。随着生产力发展和民族的融合,饮食文化逐渐发展繁荣,到了明清时期达到鼎盛。据明清时期《宋氏养生部》《易牙遗意》《饮食辨录》《调鼎集》《随园食单》等饮食文化专著记载,明清时期的饮食种类繁多、做法精致、技术高超,达到了令人叹为观止的地步。明清以来,传统饮食有八大菜系之说,其色、香、味、型各有特色,是中华传统饮食文化的优秀代表。在传统饮食文化中,茶文化和酒文化历史悠久、地位独特。茶和酒既是饮品,同时又远远超出了饮品的范畴,与人的精神生活、社会生活和政治生活发生重要联系。特别是经文人雅士吟咏歌颂、提炼升华,茶和酒与传统文学艺术一样,具有了艺术的气质,成为中国传统文化中别具特色的文化种类。近年来,《舌尖上的中国》系列纪录片产生巨大反响,使人们充分认识到了传统饮食的博大精深和巨大魅力。

中国传统文化的内容是极为丰富的,上面仅列举一些主要方面。除此之外,中国古代在语言文字、科学技术、中医中药、教育教学等方面都取得了巨大成就,都是中国传统文化的重要组成部分。由于篇幅所限,不能一一列举。

二、中国传统文化的特征

(一)以人为本

以人为本的人文主义或人本主义,向来被认为是中国传统文化的一大特色。所谓以人为本,就是将人作为考虑一切问题的出发点和归宿,肯定了天地之间人为贵、人为万物之灵的中国传统文化基调。也就是说,神本主义在中国传统文化中不占主导地位,人本主义才是中国传统文化的核心。

不过,中国传统文化中的人本主义与西欧文艺复兴时期兴起的人文主义在文化精神上存在着本质区别。中国人本主义以家庭为本位,以伦理为中心,西方人文主义则以个人为本位，以法治为中心。中国文化重人，并非尊重个人价值和个体的自由发展，而是将个体融入群体，强调五伦，强调人对于民族和国家的义务，是一种以道德修养为旨趣的道德人本主义。西方文化中的人文主义重视个体的价值，强调个人的权利与自由，强调人与人之间的平等契约关系，实质上是一种个性主义，它是西方民主制度和法律体系的重要思想基础。

中国传统文化中的人本主义，重视道德伦理、角色扮演，要求人履行一定的义务，对维系社会正常运转、人际和人生修养等方面都具有积极意义，但也存在着重人伦轻自然、重群体（家族）轻个体的倾向。它与专制主义有一定的联系，是其消极影响的表现。

（二）具有延续性

在人类文明史上，中国与古埃及、古印度、古巴比伦被尊为“四大文明古国”，与古希腊、罗马并称为东西文明中心，然而唯有中国传统文化虽然历经磨难，却数千年一脉相承，表现出无与伦比的延续性。

农业经济的连续性是中国传统文化不曾发生断裂的经济基础。三代以来，王朝的兴衰更替不可避免，短期的国家分裂、军阀割据时有发生，特别是游牧民族的侵扰与入主中原，都曾在中国历史的不同时期掀起悲惨壮烈的一幕。然而，一个个王朝灭亡，取而代之的王朝仍然推行并重视小农经济，中国的农业经济依然向前发展，建立在这一基础上的中华文明亦未曾被割断。

政治的连续性是中国传统文化不曾发生断裂的内在根据。所谓政治的连续性是指政治传统的继承性。从殷周至清末，中国的政治乃是一贯的民族传统，未曾发生外层断裂，这也是文化连续性的条件之一。

（三）既开放又保守

1.中国传统文化具有开放性

中国传统文化的开放性集中体现在儒家文化的多元开放的文化理念上。这种多元开放的文化理念，一方面，促使儒学不断吸收和融合其他各家各派的思想，成为一种绵延不绝的思想体系。

另一方面，这种多元开放的文化理念极大地影响了中国传统文化，使之形成了兼收并蓄的传统，并生生不息。中国传统文化绵延不绝，正是中国传统文化本身包容、兼收并蓄的结果。中国传统文化对外来文化的包容性是以其强大的同化力为前提的。它用这种强大的同化力去影响和改造外来文化，使之具有中国的特色。

2.中国传统文化具有保守性

中国传统文化建立在农业基础上，封建统治阶级长期推行“重农抑商”的政策，对小农经济实行严格控制，限制农民迁徙或改业，这使农民世世代代被束缚在一块土地上，他们日复一日、年复一年地重复着日出而作、日落而息的简单再生产。农业经济对自然条件有很强的依赖性，自然条件好，易于丰收，如果发生灾情，收获即无法保证。所以，农业生产一要靠人的努力，二要靠天的配合，既然要靠天吃饭，如果人们创造的动机激发不起来，那么就会在一定程度上削弱人的积极性。物质生产方式简单、重复，因此只要遵循先人的经验规矩，人们就能生活下去。自秦汉以来，农业技术几乎没有改进，正是这一现象的反映。封闭保守的小农经济是中国传统文化具有保守特色的根本原因。

由于宗法制和宗法观念的影响，中国传统文化重家族轻个人，重群体轻个体，因而极端重视传统，总是强调个人在群体中的义务和责任，忽略了个人在社会中的权利，压抑个人的自由性、独立性。从积极方面说，对传统的重视大大强化了中国传统文化的延续力，使中国传统文化不曾被外来文化所中断；从消极方面来说，它造成了中华民族习惯向后看的积习和因循守成的倾向，对中国人的创新精神和进取意识具有消磨作用，从而使中国传统文化中的变易思想、自强不息精神得不到发扬与升华。①

（四）伦理性和群体性

在中国封建社会，人们的注意力集中在家庭、邦国内部的父子、长幼、上下、尊卑的人伦关系上，对人伦关系的重视远远超过对宇宙、自然及生产技术

① 华长慧，喻立森主编.中国文化与大学生成长[M].杭州：浙江教育出版社，2015：58.

的探索，重伦理、轻自然的特点非常显著。这就造成了中国封建社会真正实验意义上的自然科学始终不发达，直到19世纪，中国思想史上从来没有出现一次科学革命，中国的自然科学长期停留在经验或技术的水平上，没有形成近现代形态的各种自然科学理论体系。

同时，中国古代也十分强调群体至上原则，在两千多年里一直延续着“家族本位”传统。传统主流思想认为，是家而不是个人构成了社会的本体，作为个体的每一个人，对家以上的群体要承担无限的义务与责任，个体对社会应具有服从甚至牺牲奉献精神。①个体的社会角色首先是家庭成员，然后才是社会公民。家庭的命运就是个人的命运，而家族是家庭的扩大，国家则是家族的扩大和延伸，人的个体价值只能在社会价值实现的基础上才能实现。中华民族的群体意识对维护社会稳定起了重要作用，促进了个体对家国义务的履行。

（五）独立性与融通性

中国传统文化在发展历程中较早地形成了自己的独特的体系，而这个体系是中国人自己独立创造的。考古资料证明，中国传统文化作为一种本土文化不仅有着独特的汉字语义和语音体系，而且还以方块汉字为载体独创了自己的思想学术体系，形成了华夏民族独有的典章制度、礼仪民俗和民族气质，创立了独一无二的中医学理论体系。②虚拟写意的戏曲艺术，气韵生动的中国书画，工整对仗、情理交融的楹联艺术等都在彰显着中国传统文化的独有魅力。

传统文化对外来文化又具有非凡的吸纳力和融通性。唐代文化多彩多姿，底蕴丰富，新意迭出，思想深邃。例如，从印度传入的佛教逐渐中国化，佛教文化开始成为中国文化的一个有机组成部分，随着基督教、伊斯兰教、犹太教的传入，使唐文化呈现一派胡曲雅乐互放异彩的繁荣景象。几千年中国传统文化的发展表明，既吸纳和融通外来文化作为本民族文化的组成部分，同时又保持中华本土文化的主体性地位，正是中国传统文化能不断发展并始终充

① 李丹.中国优秀传统文化[M].长春：东北师范大学出版社，2020：2.

② 李广龙.当代教育中的中国传统文化研究[M].长春：东北师范大学出版社，2018：12.

满活力的奥秘之所在。因此,在大力弘扬中华民族优秀传统文化过程中,既要反对全盘西化的民族虚无主义的偏颇,又不能因此而拒绝吸纳世界文化的优秀成果为我所用。

第三节 中国传统文化的基本精神

一、自强不息

“自强不息”是从中国古代“天人合一”的宇宙观中孕育和发展出来的,典出于《周易·乾》:“天行健,君子以自强不息。”“天行健”意为“天体的运行刚健不已”,这代表了古人对天体的深入观察和深刻认识。所谓天体,是指太阳、月亮、星辰等,太阳与月亮轮流出现,白昼黑夜循环交替,春夏秋冬四季运行等。天体周而复始、不知疲倦地运行,没有谁要求它这样做,也没有谁给它力量,其动力完全来自自身的生命力,而且这生命力是任何力量也阻挡不住的。

相应于此,中华民族生存发展的动力也来自自身,来自它的成员对国富民强的不懈努力,来自对民族自立、自尊、自强的强烈渴望,来自对至善理想和人生价值的执着追求。相应于此,君子处世也应该像天体一样,奋发图强,不断进取,永不停歇。人活着就应该不断超越自己,不断否定和超越其现实生存境况,不断开拓人生新的境界。

(一)自强不息是一种奉献精神

中国传统道德的核心及其一贯思想,就是强调为社会、为民族、为国家、为人民的整体主义思想。可以说一切传统美德都是围绕着这一整体精神而展开的。《诗经》提出的“夙夜在公”,贾谊《治安策》提出的“国而忘家,公而忘私”等,都不断强调着一种为国家为民族而献身的精神。自强不息是报效国家和民族的必由之路。

自强不息是指人们为了国家、民族和人民的共同利益和共同理想,不畏艰难、顽强拼搏、锐意进取、奋发向上的精神风貌。[①]自强不息作为中国传统道德

① 苟琳.溯源中国传统文化之旅[M].上海:上海社会科学院出版社,2017:57.

精神,不是闭门修养,光自己做“圣人”,“修身齐家”是为了“治国平天下”,就是内心要修养得像圣人那样高尚、纯洁,同时要积极参加社会事务,积极改造社会,造福人民,即“得志泽加于民,不得志修身见于世。穷则独善其身,达则兼济天下”。历史上大凡忧国忧民的爱国志士往往也是以身许国、报效祖国的民族英雄。所谓以身许国,即是无条件地把自己的身家性命奉献给国家,用自己的实际行动报效祖国,为祖国的独立、富强“发愤忘食”,胼手胝足乃至牺牲生命。中华民族上下五千年之所以能够经历磨难而不衰,饱尝艰辛而不屈,千锤百炼而愈加坚强,巍然屹立于世界民族之林,凭的是一种顽强的民族生命力,凭的是我们中华民族仁人志士在国家危难之时勇于舍身奋斗的献身精神！每当国运危难时就会有一批改革家不计个人得失,忧心国事,“先天下之忧而忧.后天下之乐而乐”,励精图治,进行社会改革;每当统治者残暴无道之时,就会有一些刚正直谏之臣不顾个人安危,犯颜直谏,还会有那些不屈的斗士,挺身而出,为真理、为正义而斗争;每当外敌入侵、国难当头之时,就会有一批仁人志士勇敢地走出来,用他们的血肉之躯筑起卫国新长城。诸葛亮“鞠躬尽瘁,死而后已”的名句是这种不息的民族之魂的最好注脚。

“自强不息”作为理想人格是德行日趋完美的过程。“自强不息”精神是个人安身立命的崇高人格境界。“自强不息”的精神适用于每一个人、每一个单位、每一个地区、每一个国家、每一个民族,唯有自强不息,才能立于不败之地,才能创新发展。

(二)自强不息是一种大无畏精神

《象传》中说:“天行健,君子以自强不息。”以天体运行无休无止,永远向上的规律,要求人们积极有为、勇于进取。此后,刚健有为、自强不息的精神便一直作为中国传统文化的主导精神激励着中华民族。

朱熹在《四书章句集注·中庸》中说:“闻道有蚤莫,行道有难易,然能自强不息,则其至一也。”对于一个有志之士来说,不管年龄的大小,客观条件的好坏,自强不息是一种伟大的精神和品格。自强不息是中华传统道德的重要规范，也是中华民族精神的优秀传统。在中华民族漫漫五千年的历史中有过许多坎坷磨难，内部的动荡，外部的侵扰，天灾人祸，不断烙刻着深深的痛苦的印记，然而它都挺了过来，靠着一种顽强的民族生命力生存下来。文化精神绵延不断，历史传统一脉相承，这正是中华民族乐观、豁达、自信、进取的民族风范。

刚健有为作为中国文化基本精神之一，是人们处理天人关系和各种人际关系的总原则，是中国人积极的人生态度的最集中的理论概括和价值提炼。[①]中国哲学家偏重于践形尽性，履行实践。强调知行互动，即按照自己的哲学信息生活，身体力行，付诸行动，集知识与美德于一身，不断把自己修养到“无我”的境界。中国哲学的行为方式是理想与理性的统一，价值与事实的统一，理论理性与实践理性的统一。

在中国古代传统道德中，自强作为道德精神和规范，其主体不仅是指个人，而且也是指人民、国家和民族。《易经》所说的“自强不息”指的是君子；《墨子》所说的自强则包括朝政、理文、农稼、织工等各种职业群体；而《管子》所说的富强，其主体则是国家和民族。后来的各家各派以及名君名臣所说的自强，都包含有道德个体的自强内容，但更重要的还在于治国、平天下，在于推进国家和中华民族的自强。这里体现着中国古代思想家对道德主体的深刻理解。体现着儒家所说“得众动天”“强我中华”的进取精神。

中国传统文化里一直贯穿着刚柔、动静、有为与无为等一系列相互对立又相辅相成，有着深邃辩证精神的范畴。这些范畴的斗争与统一，一方面成就了中国文化的多姿多彩、博大精深，另一方面也使人们在对传统文化进行考察时因视角的不同而产生严重分歧。五四前后，在有关中国传统文化的大论战中，相当一部分知识分子从中西比较出发，以西方“人和自然”尖锐冲突的“积极进取”精神作为参照，得出中国传统文化“主静阴柔”，并进而推出“被动无为”的结论。就当时民族危亡的历史背景而言，为汲取西方文化的精华，熔铸新的民族性格，这种归纳有一定的积极意义，但毫无疑问这种归纳也失之公允。中国

---

① 朱存明．灵感与悟性 灵感思维与中国传统文化精神[M]．北京：文化艺术出版社，2018：142.

传统文化不全也不可能全是推崇柔静的文化,因为一种完全柔静无为的文化创造不出辉煌灿烂的中华文化成果来。因此,自强不息的精神不仅铸造了历史悠久的中华文明,而且激励着中华儿女向着更加光辉的未来奋进,为了中华民族的伟大复兴,无数中华儿女在自强不息精神的激励下奋勇向前。

(三)自强不息是一种进取精神

"自强不息"表达了《周易》作者积极进取的人生态度,同时也表达了中华民族关于"人"的自我意识和自我定位,体现了中华民族几千年生生不息的精神特质。可以说,"自强不息"是中国传统文化的根底,是支撑中国人自立于世界民族之林的一种精神、一种信念、一种境界,是流淌在中华民族文明血管中的生生不息的血液,是中国人民的传世之宝。在两千多年的历史长河中,这种奋发向上的精神一直激励着人们,并成为后世奋发有为之人立身处世的重要原则。

人都是有惰性的,在不断追求自新、进取的过程中,我们往往不能持之以恒。但是"人之为善,须是日迁",要做到"日迁",就必须持之以恒。正如雕刻,锲而舍之,朽木不折;锲而不舍,金石可镂。

二、厚德载物

中华民族在其悠久的历史发展过程中积淀了丰厚的道德理论,形成了多样化的实践体系,其中"厚德载物"思想对中华民族的发展产生了积极深远的影响。张岱年先生予以盛赞:"'自强不息''厚德载物'思想可以看作是中华民族精神的主要表现","是民族得以延续和发展的思想基础。"①"厚德载物"思想所传承的不仅仅是民族精神的传统血脉,而且也是社会理想的信仰基础。中国传统文化中"德治"理想所憧憬的"大同社会",实际上就是一个没有阶级基础的缺乏正确革命道路的但却与共产主义理想有着天然联系的社会,"厚德载物"思想所内含的优秀文化基因与马克思提出"道德的基础是人类精神的自律"②

① 张岱年.文化与哲学[M].北京:中国人民大学出版社,2006:37.

② 马克思,恩格斯.马克思恩格斯全集(第1卷)[M].北京:人民出版社,1995:119.

的价值理想也高度契合。一个民族在其悠久的历史传统中所形成的共同的精神风貌和价值取向，通过日常生活的潜移默化，不知不觉地以文化基因的方式渗透于人们的思维之中，内在地发挥着普遍且持久的影响力。因此，要充分发挥好中国传统文化基因影响力，在现时代结合实际赋予其鲜活的思想印记。

“厚德载物”是一种美德，它要求人在发展进步的过程中，不断提高自己的道德品质。只有品德高尚的人，才能肩负重任，不辱使命。“厚德载物”是中国传统的优良道德品质，是中华民族兼容并包的道德精神。“厚德载物”作为中华民族精神的精华，已经成为国人的座右铭。

（一）“厚德载物”基本精神的源起

“厚德载物”一词源自《易传》，行文之中对其基本精神进行塑造。《周易》曰：“地势坤，君子以厚德载物。”意为大地的胸怀宽广，以敦厚之德哺育和容纳世间万物。继而高度赞扬了“厚德载物”内含的“柔顺”品性，曰：“坤厚载物，德合无疆。含弘光大，品物咸亨。”意为大地以其博大深厚之态养育万物，承载的美德无边，万物身处其中各得其所，得以茁壮成长。[①]继而，“厚德载物”之精神也构成先秦哲人重要哲学思想的基础。老子曾说“人法地，地法天”，明确指出了要效法大地之道，而大地之道即为“厚德载物”之精神。在老子《道德经》第四十一章中遂有“上德若谷”一词，“上德”亦即“厚德”，德行高尚的人胸怀如同山谷般宽广；《道德经》第八章“上善若水”之中所表达出水滋养万物的德行与“厚德载物”所表达的宽厚包容一致。墨子所提出“天下兼相爱”以及“视人之国若视其国，视人之家若视其家，视人之身若视其身”（《墨子·兼爱中》）的主张，实质上体现的也正是“厚德载物”的思想。[②]

（二）“厚德载物”基本精神的内涵

1.仁爱的道德准则

“厚德载物”思想核心精神内涵是宽厚仁爱，包容万物。仁爱之心始源于

① 孙熙国，尉浩．论《易传》对中华民族精神的塑造[J].理论学刊，2004(5).

② 曲文军．中国传统文化与现代化[M].济南：山东人民出版社，2011：59-60.

个体内心对母体"载物"厚德的自然亲近和认同。《象传上·坤》云:"至哉坤元,万物资生。"大地之德宽厚仁爱,无私而载。《易·说卦》有言:"立人之道,曰仁与义。"人道即为"仁义"。《易·系辞上》曰:"安土敦乎仁,故能爱。"意为安于所处的环境,敦行仁道,才能泛爱天下,这便是《周易》中仁爱思想的深刻反映。仁爱是"厚德载物"思想中所提倡的道德行为准则,亦是儒家思想体系的核心,即仁者爱人的理想目标和为仁之方的行动实践。《吕氏春秋·不二》精辟总结"孔子贵仁",即孔子将"仁"上升为道德自律的最高境界,故有"仁者爱人"的阐发,继而有"己欲立而立人,己欲达而达人"的为仁之方。"厚德载物"思想中仁爱的道德准则蕴含"亲亲""仁民""爱物"的层层推广,即"仁爱"是"大地之德"由自我及他者、由"爱亲"及"泛爱众",由爱人及爱万物,由"小我"及"大我"的宽博情怀,并以"显诸仁,藏诸用"的形式实现内外兼修。

2.谦和的道德准则

《易经》和《易传》构成了《周易》的两个重要部分。《易经》以乾坤二卦为核心,由六十四卦和三百八十四爻组成。这其中唯有谦卦的所有卦辞、爻辞均吉祥,而作为对《易经》解释、发挥的《易传》,则集中通过谦卦表达了对于谦和这一美德的推崇,亦是"厚德载物"思想中谦和原则的集中体现。《易传》中《象传》曰:"地中有山,谦;君子以裒多益寡,称物平施。"以隐喻方式阐释"谦"之内涵,高山隐藏于广袤大地之中恰如美德嵌入内心而不外露,君子正需要虚心接受他人意见,知轻重。又如《咸·象》曰:"山上有泽,咸,君子以虚受人。"其中"虚"即谦虚,虚怀若谷、诚心接纳的意思,并做出深入解释:"劳谦君子,万民服也。"意为具有谦和品德的人才会真正使人敬服。作为研究领域的重要典籍,《周易折中》引陆象山曰:"自尊大则不能由礼,卑以自牧,乃能自节制以礼也。"意为以谦和的态度提升自我修养,并能实现自我约束。[①]"谦"之美德在《易传》中以独有的解读方式对其发生发展和重要意义进行阐释,逐步进行精细论证,使谦和作为重要的道德准则获得重要的理性依据和信仰力量。

---

① 于慧芳.试析《周易》中厚德载物的民族精神[J].西北民族大学学报(哲学社会科学版),2006(3).

3.诚信的道德准则

谦和与诚信相辅相成。谦和源自内心的真诚信实,态度谦和、尊重他人即为“中虚”,是诚信之根本;脚踏实地、言出必行即为“中实”,是诚信之本质。《周易》中“孚”即诚实守信之意,且源于内心(即为“中”),故谓之“中孚”。[①]在学者做过的统计中,《易经》之中曾二十六次提及“孚”,可见其对于诚信道德准则的重视。特别是“中孚卦”集中解释了“诚信”准则,其九五爻辞曰:“有孚挛如,无咎。”意为通过诚实守信品德相维系的交往,能避免许多灾祸。可见,《易经》表达了诚信之德可安邦兴国之意。君子“忠信,所以进德也;修辞立其诚,所以居业也”,即君子之德,以忠信为本;君子之业,以诚贞为本。继而,《系辞上》曰:“人之所助者,信也。”意在阐明诚信基础之上才有人与人之间的亲近和聚合,形成社会群体乃至整个民族的强大凝聚力。孟子则将《周易》中诚信的道德准则进一步发展,《孟子·离娄上》曰:“诚者,天之道也;思诚者,人之道也,至诚而不动者,未知有也;不诚,未有能动者也。”“人”与“天”能够相融合的关键所在则为是否具备“诚信”的品德。[②]

第四节 中国传统文化的结构

一、中国传统文化的结构体系

中国古代文化在这种氛围中成长成熟,逐渐形成固定的内涵和外延,并自发地组成各要素(子系统)相互作用、相互依存、相互补充和相互制约的文化大系统。

(一)文化内层结构

在这个系统内,“天—性—道”构成文化内核,是文化的内层系统。“天”“性”“道”作为深层结构的组成部分,三者自成一体,但又互相渗透,互相依托。内系统的中心是“道”,尽管古代诸学派对“道”各有心照,但最终都可以归纳为

① 刘大钧整理,清李光地编纂. 周易折中[M]. 成都:巴蜀书社,2008:232.

② 任俊华.“厚德载物”与生态伦理——《周易》古经的生态智慧观[J].孔子研究,2005(4).

对自然发展规律的理解。“天”是“大道之原”，“天”可以泛指物质的、客观的自然，包括人体自然。“性”指人性，包括“原性(动物之性)——“恶”“欲”“妄”等，也包括社会之性，即荀子所说的“伪”，以及善性、德性等。

(二)文化的子系统结构

古代文化系统表现为主要文化现象的五种形态(“五艺”)——哲、农、医、兵、艺。每一种形态为一个子系统，其中蕴含若干更小的子系统。文化现象是本质的外在体现，所谓“有诸内，必形诸外”(《孟子·告子下》)，因此对“天”“性”“道”一体化的认知形成哲学(包括宗教) ；对心性、人性价值以及移情方式的表述和追求，产生了艺术(文学、音乐、绘画、造型艺术等)。

此外，“道”与人体自然(生理现象)、自然规律的有机结合，是中医辨证施治的原则和方法，而“道”与“性”(个体心理、群体心理)的统一，又成为古代兵法(包括商业)的战略大纲。

文化现象作为子系统并不是孤立存在的，哲、农、医、兵、艺五者本身处于系统内，形成横向交错和循环的关系，并按照五行原则，进行自我调节，同时又通过与深层结构的联系，进行纵向演进。这样一来，文化系统内部便具有一种自发的平衡调节机制，它使古代文化处于稳定和相互依存的状态中，若牵一发则必动全身。也正因为系统内保持着普遍联系的关系准则，每一个子系统的实际运作，都需“观其会通”，将整个系统的相关信息纳入自己的视野内。

(三)外在的控制结构

中国古代文化的整一性，除了表现文化自为系统外，还表现在文化是处于社会规范的制约下，成为一个可控制系统。其由礼、乐、刑、政四纲组成。“礼”引申为封建意识形态的最高规范和道德践履，“乐”引申为无形宣化或行为教化，“刑”引申为法规，“政”是整体政治结构。

从西周开始，礼、乐、刑、政就已经具有作为维持文化平衡与稳定的控制方法的意向，秦朝建立官僚政体，汉代“独尊儒术”，宋明完成儒学哲理化，将这种意向变成事实。

四者之间同样存在着互相制约、互相依存、互相协调的循环关系。这种互容、互为层次的结构可以不断地持续扩大，以至无穷。这是中国文化系统的独特形式，也反映了传统对世界的认识：由近而远，由内而外，层层映发，互为应答，此即所谓“比类相关，及知此所以成彼物之利”（《张子正蒙注·动物篇》）。认识的各个层面往往是先融合，然后程式，在新的层次上再融合，再程式……认识逐渐扩大，并在不断扩大的过程中，相应对外部信息进行取舍。

二、中国传统文化结构的制约关系

（一）内外制约

内外制约集中表现在阴阳消长的辩证关系之中。阴阳之间，关系玄妙，“阴在阳之内，不在阳之外”《孙子兵法·胜战计》。事物的内部蕴藏着否定自己的因素。这种从探索自然发展而来的认识，开启了中国人把握对象动态联系的思维，使哲人和对科学感兴趣的学者普遍持有有关生命演化的观点。他们认为事物具有有机生命，以发展变化为主，以事物两极的相互转变为依据，无论是心性、人我、物我、虚实、盈亏等，都被视为互为终始、互成表里的范畴。每一个范畴中的两极互成否定形式，但都不是排斥的，而是互蕴互证，互为前提和补充。

（二）整体制约

中国传统文化结构内存在着依照五行相生相克关系建立起来的整体制约网络状机制。同形的生、克关系在系统里以复式的状态出现，每一种元素都可成为其他元素的始终或背景，如此循环下去，使系统内保持一种普遍联系。这种网状结构有利于子系统的共同发展，有利于高级系统对低级系统（或先导系统对滞后系统等）的启动、引导，也有利于系统内的互相制约。例如，古代的雅文化，从理论的角度看，其属于高级系统，通过它对俗文化——低级系统的渗透，可以提高后者的质的水平。但雅文化在某些时代可能成为滞后系统，这时俗文化便会出而导之，中国民间文化对文人文化（雅文化）有着非常深刻的影响。

五行关系在传统文化中具有普遍意义，尤其是人们习惯于使用系统型辩证推理，在对事物作直观整体的思考时，往往将对事物的探查与五行加以类比。中医就是借助了这种关系推理，其“辩证(象)”推理不是抓住一端，由浅入深地进行，而是“察其下，适其脉，观其志意，与其病也”(《内经·素问·五藏别论》)。将通过直接观察所认识到的六淫、七情、饮食伤、房劳伤与环境季节等外在因素联系起来，归纳综合，再放进阴阳五行的克谐理论中进行推理。可以说，五行关系保持了整体内各子系统的相互联系和制约。

(三)主导制约

“君臣”关系在现代系统理论中被称之为“伺服”，带有在结构中建立等级关系为主的秩序这样一层意思。

在中国古代辩证关系的结构里，相对的元素具有不平等的地位，“爱有差等”。不平等就是为了建立一种秩序，让各种元素在某种权威(或主导因素)的协调下，各司其职。

中国文化的传统理论认为“天高地下，万物殊散，而礼制行”(《礼记·乐记》)。认识了这一点，我们就不难理解在中国古代整体意识里，何以有明确的主次之分或权威观念，几乎每一个范畴、每一种结构里都内潜着等级秩序。在整体观中，西方强调对立与区别，古代中国则强调一种由“权威”把握总体、互为调谐的内部秩序。

在现代人的常识里，存在等级意味着不平衡，而在人的社会里，尤以内在不平衡为甚。现代人的困惑，在古代中国人那里却有相当清楚的理解，传统文化以两种方法消弭等级存在造成的人的内心的不平衡。

一种方法是进行道德宣化，将道德规范变为个人潜在的情感，如倡导道德面前人人平等，只要遵从道德秩序，人皆可以为尧舜。在漫长的两千多年里，儒学拥有崇高的地位，皆因为儒学是关乎伦理道德的学问，其虽不能提供建立“法治”体制的战略理论，却可以利用道德观念在意识形态和政治制度一体化中起到引导作用。

另一种方法是在不平等的元素中，能够建立平衡关系，即将等级秩序置于相对循环之中,使主宰、权威的一方也受着整体的制约。因此,古代社会缺乏个人权利观,每个人从属于整体——国家或家族,个人权利只是相对存在,即使是至高无上的皇帝,也没有完全独立的人格,同样受制于“天”——宗法的、宗教的、伦理的、道德的、世俗的,等等。尽管皇权的扩张和强化,决定了中国古代国家的性质是君主专制之下的官僚等级制,组成等级的各个阶层并不是彼此隔绝,而是互相制约,互为依赖。因此,居最高等级者并不能完全无视于民。皇帝即使拥有绝对权力,也不能用尽。君权要有所制约,以此达到国家整体的平衡,这是以古代中国这样的君主专制官僚政体,却能产生“民本”思想的原因之一。

由此可见,利用“君臣”关系对系统进行主导性制约,而居主导地位的一方只起协调作用而不是压制作用,是建立组织内秩序的关键所在。

(四)平衡制约

五行理论认为,系统内的秩序是依靠各种元素按正常的制约关系的运作建立的。但当某事物的发展超过正常的限度——太过,则此事物所抑制的对象会受到强化的克制,超过其忍耐的最大限度,这是“相乘”现象。此异常事物还会反过来对克制自己的另一事物产生欺凌作用,即相侮。相乘相侮现象造成系统局部失调,如果失调超越可控制的限度,就会给系统的稳定带来危害,甚至造成系统的瓦解。因此,系统内通常具有一套保持稳定的机制,其构成来自两个方面,一是外控制系统的控制作用,二是自体调节系统的调节作用。例如,中国的商业从战国起就已被看作是社会结构中的一个重要组成部分,商业的繁荣,带动了与商业相关的行业与文化的繁荣,在正常形态的社会中,商业是社会有序的保证,但当商业发展过速,会严重损害被看作是封建社会之本的农业,还会侵犯对其起抑制作用的朝廷和政府利益。这时候,封建政府以“重农抑商”为调节手段,以“禁榷制度”“土贡制度”和“官工业制度”为实施手段,压制商业,使其回到原来的秩序上来。

此外,系统还会自动发挥内部调节作用,即当系统内出现“乘侮”带来的危害作用时，就必定会在结构内部产生一个与之方向相反能量相等的反作用，使其归于平复。如当商业兴盛时，被抑制的农以传统固有的土地价值观为反作用，利用高额地租和土地本身的价值吸引以货币形态存在的大量商业资本，去参加土地兼并，使商最终走的是一条“以末(商)致财，以本(农)守之”的道路。

由于系统内具有控制和调节作用，各个文化子系统能够阶段性地保持相对平衡和稳定，各要素的发展控制在“无为而无不为”的“度”里。如中国艺术有对发展的“度”的要求，叫作“程式写意”。“写意”是情感表达，“程式”是引导人们理解艺术中内蕴的“意”，同时也是对“意”的一种约束。

(五)稳定与渐进

文化结构内的相对性使系统内充满了动，给文化现象带来基于空间多样性或不确定性的变换和基于时间的更替性或不确定性的变化。“动”成为系统从一种平衡形态向更高层次的平衡形态跃迁的必要条件，也是系统保持开放性的表现形式。有“动”，传统才有可能出现新质代替失势的旧质的过程；但只有“动”，没有自体的内省和净化，传统不可能内聚成独立的性格。因此，中国文化系统在动之外，赋予“静”很高的地位。

“静”本是“动”的对立面，但在中国人的宇宙观中，两者互为起始，互为终极。因此，“静”是一种隐意，预示着“动”即将诞生。值得指出的是，这里所说的“动”是律动(有规律有生命的“动”)，而不是妄动(无秩序的动)。可见，“静”有两个功能，一是作为动的平衡点，通过静思默想，潜心内省，知悟不惑，以获得稳定的个性；二是作为系统自体调节的机制的一部分，以此抑制“妄动”。

“动”“静”交替，自省与开放交错发生在传统进化的历史过程中，使中国文化既具有稳定的民族个性，又具有渐变性进化的特点。中国传统文化因此而形成的生命价值又进一步证实了民族性与开放性的辩证关系：文化传统失去了民族性(文化的个性)，便失去了进化的基础；失去开放性，便失去了进化的条件。

第二章 中国传统文化当代价值的内涵与科学评价

五千年悠久灿烂的中国传统文化，为人类的文明进步作出了巨大贡献。传统文化是一条绵延不绝的历史长河，贯穿过去、现在和未来。作为一个民族理性、智慧的积淀，中国传统文化对现代人的生存和发展总是有着多方面的启迪。在现代化背景下，中国传统文化的当代价值就是中国传统文化研究的热点。

第一节 中国传统文化当代价值的内涵

一、中国传统文化的凝聚整合价值

文化凝聚力量，文化整合思想。由民族产生出文化，但亦由文化陶铸了民族。没有中华民族，便没有中国文化；但亦可说没有中国文化，也就没有了此下的中国人。易中天也指出："我们这个民族，几千年来风风雨雨，饱受战乱、分裂和侵略蹂躏之苦，却一直屹立不倒，一直凝聚不散，就是因为我们有共同的文化。"[①]中国传统文化是中华民族共同的精神家园和文化标识，在民族精神凝聚整合方面始终发挥着重要作用。特别是随着世界多极化、经济全球化深入发展，文化多样化、社会信息化持续推进，各种思想思潮激烈碰撞，各种利益矛盾交织出现，各种危险考验长期存在，尤其需要中国传统文化发挥凝聚整合作用。

(一)强化民族认同

民族认同感是民族成员对自己民族产生的认可和赞同的情感。这一情感

① 易中天.先秦诸子百家争鸣[M].上海:上海文艺出版社,2009:271.

既包括对自己民族身份的认可，即对“我属于这个民族”的认可；也包括对自己民族身份的赞同，即对“这个民族很伟大”的赞同。“认可”与“赞同”的情感相互强化，共同组成民族认同感，成为民族产生凝聚力的情感基础。这个基础牢固，民族凝聚力就强大；反之，民族凝聚力就弱小。能够强化民族认同的因素很多，民族的传统文化无疑是最重要的因素之一。历史上，中国传统文化是强化中华民族身份认同的最重要因素。冯友兰认为：“在传统上，中国人与外人即‘夷狄’的区别，其意义着重在文化上，不在种族上。”[①]“中华”有居天下之中、集天下之美的意思，“中华”和“夷狄”的区别在于文化，“中华民族”内在地含有文化繁荣、文明昌盛之意。《史记》中说：“臣闻中国者，盖聪明徇智之所居也，万物财用之所聚也，贤圣之所教也，仁义之所施也，诗书礼乐之所用也，异敏技能之所试也，远方之所观赴也，蛮夷之所义行也。”（《史记·赵世家》）这段话很好地说明了，中华民族把优秀文化视为民族身份的标志，视为民族自豪的依据。在漫长的历史中，中国传统文化成为中华儿女不断增强身份认同、增强理想信念的精神因素，苏武北海牧羊而不降匈奴、岳飞精忠报国而抗击金军、文天祥视死如归而不降元军等英雄事迹，都可以看出这种强烈民族身份认同所产生的强大精神力量。近代以来，面对西方列强的侵略和欺凌，在中国传统文化的滋养和激励下，中国大地各民族凝聚成强大的中华民族，最终实现了民族的独立和振兴。当今中国，在世界文化西强东弱的总体形势下，在经济全球化的浪潮中，着眼实现中华民族伟大复兴的宏伟目标，更应该强化全体中华儿女的民族身份认同，从而夯实民族凝聚力的情感基础。中国传统文化是包括56个民族在内的中华民族共同创造的文化成果，是中华民族共同的文化标识，是包括海外华侨华人在内的所有中华儿女的共同精神家园。中国孔子、孟子、老子、庄子等的哲学思想，春节、清明、端午、中秋等传统节日，汉服、唐装、旗袍等传统服饰，长城、故宫、兵马俑等历史古迹，屈原、岳飞、文天祥等忠臣良将，李白、杜甫、苏轼等古典诗人，《红楼梦》《三国演义》《水浒传》《西游记》等古典小说，

① 冯友兰.中国哲学简史[M].北京：北京大学出版社，2013：305.

这些都是中华民族的文化标识，都是产生和强化共同身份认同的文化符号。传承和弘扬中国传统文化，就是对我们民族文化标识的反复强调和不断确认，就是对中华儿女民族身份的反复强调和不断确认，可以极大增强中华儿女的民族认同感。

（二）整合思想认识

改革开放以来，在解放思想的大背景下，中国社会思想活跃、思潮涌动，出现了思想思潮多元化的趋势。学者马立诚认为，最近40年中国产生了许多社会思潮，其中有八种社会思潮影响巨大，它们是“中国特色社会主义思想、老左派思潮、新左派思潮、民主社会主义思潮、自由主义思潮、民族主义思潮、民粹主义思潮、新儒家思潮”①。这八种社会思潮，针对中国社会转型过程中产生的各种问题、矛盾和冲突，分别提出了解决思路和方案。“打个比方说，这八种思潮，犹如八种药方。”②存在这些大的社会思潮的同时，社会各个阶层甚至每个人由于利益诉求的不同，在国家治理、社会建设、利益分配等诸多方面存在着思想认识上的分歧。学术上的“百家争鸣”和社会思想的生动活跃是好的现象，但社会思想认识过于分裂，反而成为社会进步的思想障碍。特别是有些思潮和思想，严重背离中国特色社会主义道路和现代文明，其危害性不容小觑。中国传统文化是中华民族共有的精神家园，在这个精神家园里，我们的社会理想、发展理念、价值观念、思维方式、审美品位、心理习惯等有着很大的相似性和一致性，这恰恰可以成为我们整合思想认识的重要基础。

中国传统文化具有整合思想认识的价值，但不是说要用它取消或取代其他思想认识。而是它博大精深的思想内容，包容创新的优秀品质，能够引起广泛的思想共鸣，整合思想共识，汇聚智慧力量，从而减少发展的思想阻力，增强发展的精神动力。

① 马立诚.最近四十年中国社会思潮[M].北京：东方出版社，2015：243.

② 马立诚.最近四十年中国社会思潮[M].北京：东方出版社，2015：3.

(三)维护团结统一

维护民族团结统一,既是实现中华民族伟大复兴的应有之义,也是实现这一伟大梦想的必要条件。实现中华民族伟大复兴必须凝聚中国力量,这个力量就是全国各族人民大团结的力量。我国是一个有着14亿人口、56个民族的大国,只要保持团结统一、万众一心,再强的敌人也能战胜,再大的困难也能克服,再伟大的梦想也能实现。维护中华民族的团结统一,可以充分发挥中国传统文化这个天然的坚强的文化纽带作用。

中国为什么会拥有世界上最古老、连续不断的文明?究其原因,中国传统文化是维系"合"、促"合"的强大精神力量,是维护团结统一的坚强精神纽带。

一方面,中国传统文化中有着根深蒂固的"大一统"思想。"大一统"的思想在中华民族历史上确立早、扎根深、影响远,反对分裂、维护统一的意识深深积淀在中华民族的文化心理之中。冯友兰指出:"秦朝统一以后的两千多年,中国人一直在一个天下一个政府之下生活,只有若干短暂的时期是例外,大家都认为这些例外不是正常情况。"[①]在中国人内心深处,认为国家统一是正常的,而认为国家分裂是不正常的,团结统一的思想是根深蒂固的,这就从思想深处维护和促进了民族的团结统一。

另一方面,中国传统文化是促进各民族、各区域融为一体的文化熔炉。考古学发现表明,中华大地上最早散布着满天星斗般的文化区域和原始部族。在不断冲突和融合中,华夏文化逐渐成为主体,并显示出强大的包容性和先进性。随着其文化影响力的增强和辐射范围的扩大,各区域文化逐渐融合成中华文化,各少数民族逐渐融合成中华民族。中国传统文化,特别是其中优秀的语言文字、文学艺术思想理念、伦理道德、节日风俗、饮食服饰等,如同一个巨大的文化熔炉,各民族、各区域在其中交流融合,形成了民族多元一体、文化多样和谐的统一整体。

---

① 冯友兰.中国哲学简史[M].北京:北京大学出版社,2013:175.

二、中国传统文化的审美娱乐价值

在中国传统文化中,传统文学艺术作品不仅数量大,而且质量高,是中华民族的文艺瑰宝。从内容上说,传统文艺不仅包括古代诗歌、散文、小说、戏剧等文学作品和绘画、书法、建筑、雕刻、音乐等艺术作品,还包括历史、哲学等方面的作品。《左传》《史记》等历史著作,《孟子》《庄子》等哲学著作,都具有很强的艺术性。文学艺术具有认识功能、教育功能、补偿功能、交际功能等多重功能,但最根本、最主要的还是审美娱乐功能。文艺作品的审美娱乐价值,既包括直接的丰富精神生活的价值,也包括间接的提升精神品格的价值。中国传统文学艺术,对于今天依然具有这两个方面的巨大价值。

(一)丰富人的精神生活

人类的生活包括物质生活和精神生活,人类的需要也包括物质需要和精神需要。人要满足衣食住行等生理需要,必须创造和消费物质财富。同样,人要满足精神需要,也必须创造和消费精神财富。文学艺术可能是人类最早产生、最为重要的精神财富种类之一,它通过特有的美感满足人类的精神需要,丰富人类的精神生活。中国传统文学艺术,因其独特的艺术魅力,能够使人"兴感怡悦",能够丰富人们的精神生活。今天,它依然可以通过娱乐、补偿、纾解等审美方式,缓解人们精神上的空虚、缺憾、郁闷等负面情绪,从而丰富我们的精神生活。

第一,愉悦。艺术最直接的功能就是娱乐功能,任何艺术(包括严肃的艺术)都可以愉悦人的精神世界。艺术之所以具有娱乐功能,是因为艺术的产生与游戏有着密切的关系。美学家朱光潜认为:"艺术的雏形就是游戏。"①艺术发源于游戏,人们创造艺术的最初目的就是愉悦精神。中国传统的文学、音乐、舞蹈等作品,具有很强的娱乐成分。据记载,宋代文人苏舜钦每次阅读《汉书》就非常愉悦,留下了"《汉书》下酒"的美谈,这里也可以看出中国历史著作

① 朱光潜.谈美[M].北京:中华书局,2010:62.

中蕴藏了无穷趣味。

第二，补偿。人类的生活经常受到各种局限，如时间局限、空间局限、情感局限、地位局限等。因为这些局限，人的生活是不完美有缺憾的。这种缺憾可以通过文艺得到一定程度的补偿。中国传统文学艺术能够丰富人的精神生活，其中一个重要表现就是它可以在一定程度上补偿人的这些缺憾。例如，针对人的时间局限，传统文艺中有大量表现历史事件、历史人物和历史生活的作品，它们“通古今之变”，人们可以从中找到回归历史的感觉。针对人的空间局限，传统文艺中有大量描绘中国名山大川的作品，它们纵横万里，使人有身临其境之感；针对人的情感局限，传统文艺中有大量表现人喜怒哀乐、爱恨情仇的作品，人们可以在这些作品中体会到各种情感，从而得到精神的慰藉；针对人的地位局限，传统文艺中描写了各种人的人生，人们可以从中体会各种人的生活苦乐。所以，中国传统文艺在今天依然具有很强的补偿价值。

第三，纾解。文艺除了愉悦人的精神、补偿人的缺憾之外，还可以纾解人的郁闷。人类生活中会遇到各种各样的曲折坎坷，会积累诸如阴郁、苦闷、焦虑等情绪，这些情绪可以在欣赏文艺作品的过程中得到纾解。唐代诗人白居易在《琵琶行》中记载，他谪居期间欣赏了一曲琵琶，从而得到了精神上的纾解。他在诗中写道：“凄凄不似向前声，满座重闻皆掩泣。座中泣下谁最多？江州司马青衫湿。”(《琵琶行》)诗人的郁闷情绪，在欣赏琵琶曲的过程中，乃至泪湿青衫之后，得到了一定程度的纾解。宋代欧阳修记载：“予尝有幽忧之疾，退而闲居，不能治也。既而学琴于友人孙道滋，受宫声数引，久而乐之，不知其疾之在体也。”(《送杨寘序》)这也是通过欣赏文艺作品而纾解“幽忧之疾”的例证。中国传统文艺作品内容丰富、情感充沛，很多都可以作为纾解郁闷情绪的精神良药。

(二)提升人的精神品格

艺术的审美价值，除直接丰富人的精神生活外，还可以提升人的精神品格。鲁迅认为，艺术可以“美善吾人之性情，崇大吾人之思想”[①]。朱光潜说：

① 鲁迅.鲁迅全集 第1卷[M].北京：人民文学出版社，2005:71.

“凡是第一流艺术作品大半都没有道德目的而有道德影响，荷马史诗、希腊悲剧以及中国第一流的抒情诗都可以为证。它们或是安慰情感，或是启发性灵，或是洗涤胸襟，或是表现对于人生的深广的观照。一个人在真正欣赏过它们以后，与在未读它们以前，思想气质不能是完全一样的。”[①]朱光潜所说的“思想气质”发生的变化，就是人精神品格的提升。中国传统文艺作品，特别是朱光潜所说的“第一流的艺术作品”，可以净化人的心灵，陶冶人的情操，提高人的品位，从而提升人的精神品格。

三、中国传统文化的传承价值

(一)推动社会主义经济健康发展

随着世界各国联系的加强，西方加快了以经济实力为基础的“强势文化”的输出，其形式不局限于文化手段，更多的是借助经济、政治来发力，肯德基、麦当劳、好莱坞、NBA等带有美国文化元素的事物在不长的时间里席卷了中国大地。对于这些外来文化，我们要抱有强大的包容性，但又不得不时刻警惕它带来的强大冲击，无论是文化价值观方面的还是经济、政治方面的。文化与政治、经济相互交融，同时文化对经济又具有强大的反作用。中国的儒学被认为是历史博物馆中的优美陈列品；儒家传统是在图书馆里或文人学者的书架上。因此，我们要传承并复兴优秀的传统文化，发挥其新时代的经济价值。中国传统文化作为几千年来中华文明的结晶，在新时代中有大量可挖掘的资源，如中国的武术吸引了众多海外弟子，中医药传到海外被用来治病救人，这样的例子比比皆是。但是，我国虽拥有丰富的文化资源，但对于文化产业的开发利用却不是很理想，因此，我们应充分挖掘中国传统文化的经济价值，提高其在文化产业中的利用质量和效率。此外，中国传统文化的经济价值不能仅停留在文化产业上，还要体现在对经济领域行业的规范上。

优秀的中国传统文化有利于促进社会主义经济的发展。如儒家文化中的

① 朱光潜.朱光潜全集 第1卷[M].合肥：安徽教育出版社，1992：319.

“仁”与“和”，“仁”就其基本含义而论是爱人，即爱他人、利他人、成就他人的精神，而“和”的思想几乎存在于人、自然、社会等多个关系链中，其“团结一致、和睦相处”的内涵在当代经济发展中要求人们在追求自己利益的同时还要关切他人的利益，进而照顾到社会，它使人们自觉地意识到只有整个国家的经济发展了，只有将市场做大做强，自己才能分得更大的“蛋糕”，有一个更为广阔的市场前景。“仁”与“和”对西方世界所强调的个人本位所带来的社会纷争无疑是具有调和矛盾的功效的。近几年来，诚信问题受到了人们的广泛关注，“毒奶粉”“假粉条”“阴阳合同”等相继出现，这些失信企业一次次地触动着人们的神经。儒家的“仁”与“和”无疑会给予这些企业正确的道德指向，推动其健康发展。

（二）建设社会主义和谐社会

优秀的传统文化是社会主义文化的根基，其核心是儒家、道家与佛家思想。建设社会主义，建设和谐社会，离不开这些优秀的传统文化，若离开了这些文化，社会的发展就缺少了根基，先进文化就成了无源之水、无本之木。随着改革开放的实行，西化式教育方式下的国人开始痴迷西方的洋节日，如圣诞节、平安夜等，认为不爱洋节就是落伍。这是事实也是我们对传统节日的宣传不够所带来的后果。因此，我们要形成以中国传统文化为主体的社会氛围，把各少数民族团结在优秀的汉文化周围，使汉文化成为具有向心力的主体文化精神，这才是真正的兼收并蓄、海纳百川。

几千年来，中国传统文化形成了以儒家的“仁义礼智信”“温良恭俭让”为核心的道德内容，这对于当代和谐社会价值体系的构建具有重大意义。传统文化中的仁爱精神，威武不屈的独立人格精神，忧国忧民、竭诚尽忠的爱国精神，“慎独”的道德精神以及敬老爱幼等，都是传统美德。作为传统文化中的精髓部分，中国传统文化传递的精神价值是人类文化价值的精华。众所周知，“善行”是中国文化的主导思想，追求崇高的思想品质、陶冶高尚的情操是大多数中国人所热衷的，这一道德传统亘古不变。

(三)有利于新型大国外交关系的建立

中国传统文化中的"以和为贵"思想是我们处理民族问题和外交关系的一贯主张。中国传统文化历来奉行"大一统"的思想,而中国传统文化也是维系两岸同胞亲情的纽带。同时,中国传统文化中的一些论述为中国实际问题的深入研究提供了新的方向。五四运动以来,中国共产党把马克思列宁主义思想与中国文化、中国的革命实践结合起来,促进了毛泽东思想的形成。周恩来总理在日内瓦会议中提出的和平共处五项原则成为国际处理国家间关系的准则①,其"求同存异"的思想就是来源于儒家的"君子和而不同,小人同而不和"的"和而不同"思想。邓小平理论中关于建设中国特色社会主义的实践及其相关的方针政策使中国的经济、政治、文化有了突飞猛进的发展,其改革开放的举措震惊了全世界。习近平总书记提倡的"人类命运共同体"思想和"一带一路"发展战略,体现了中国和平共赢的外交政策。这既符合传统文化的义利观,又符合共产党人为人类幸福而奋斗的伟大使命的要求。

第二节 中国传统文化当代价值的科学评价

一、中国传统文化当代价值的评价问题

(一)价值与价值评价概述

1.价值是主客体之间的意义关系

作为一个重要的哲学范畴,"价值是指在实践基础上形成的主体和客体之间的一种意义关系"②。价值不是某种实体,不是某种事物属性,而是一种关系,是主体需要与客体属性之间相契合的关系。第一,主体需要是主客体产生价值关系的一个基本依据。价值关系的主体是人,人的需要使事物变得有善恶、美丑、好坏之分,有了对人类而言的"价值"。第二,客体属性是主客体产生价值关系的另一个基本依据。价值关系的客体是世间万物,事物有无价值、有

① 武力总,张清敏.当代中国丛书 当代中国外交[M].北京:五洲传播出版社,2020:42.

②《马克思主义哲学》编写组.马克思主义哲学[M].北京:人民出版社,2009:296.

何价值,与事物自身是否具有满足主体需要的某种属性有关。第三,主客体产生价值关系需要一定的实现条件。主体需要与客体属性之间具有契合之处,但还不能保证价值关系一定产生,这种关系还只是一种潜在的价值关系,要变成现实的价值关系必须满足一些条件。一般来说,这些条件包括价值关系产生的适当环境、理论基础、科学技术、能力素质等。

2.价值有质量的差异和变化

主体需要多种多样,客体属性千差万别,人类社会不断发展,主客体之间的这种意义关系就不可避免地表现出差异和变化。第一,主客体之间价值关系具有质的差异。从价值关系的性质来说,客体对主体可能有"正价值",也可能"无价值",还可能有"负价值"。一般来说,我们所说的"价值"是指"正价值"。另外,从价值关系的内容来说,同一客体对于不同主体,不同客体对同一主体,其价值也可能有质的差异。第二,主客体之间价值关系还具有量的差异。价值是主客体之间的意义关系,这种"意义"具有程度的大小之别。客体满足主体需要的程度大,主客体之间的意义关系就大,客体对于主体的价值就大;反之,客体对于主体的价值就小。第三,主客体之间价值关系会发生变化。价值关系的产生,与主体需要、客体属性和实现条件三者都有很大关系。在某些情况下,这三者是稳定的,主客体之间的价值关系也相对稳定。在另一些情况下,主体需要、客体属性、实现条件会发生变化,主客体之间的价值关系也就随之发生变化。这种变化既可能是质的变化,也可能是量的变化。

3.价值评价界定

价值评价是价值主体对价值客体能否满足自身需要及其程度所作的肯定或否定的评价,也就是价值主体对价值客体有无价值及其价值大小所作的判断。它是价值关系在人们意识中的反映,是一种主观形态的东西。当我们对某一个事物表现出喜欢或厌恶、赞赏或批评、亲近或排斥等态度时,这实际上就是一种价值评价。在价值评价中,人们往往以其价值事实为根据来确立价值评价标准,制定价值评价原则,选择价值评价方式,设计价值评价程序和实现价值评价过程。这就是说，在价值关系中，价值事实决定着价值评价，有什么样的价值事实就有什么样的价值评价，价值事实是价值评价的根据。所谓价值事实决定价值评价，并不是说人们作出的所有价值评价都是对价值客体的真实反映，而只是强调价值评价绝不是主观自生的东西，价值评价的发生、内容、方式等都是由价值客体决定的。在日常生活中，由于价值评价活动的复杂性，人们可能发生价值评价上的偏差，如把有价值的评价成无价值的，把无价值的评价成有价值的，把价值小的评价成价值大的，把价值大的评价成价值小的。但无论人们的评价怎样，并不能改变价值客体本身的实际价值，而只会影响人们对价值评价客体真实价值的认识和实现。

（二）评价中国传统文化当代价值的必要性

目前，“国学热”和“传统文化热”持续升温。与此同时，人们对中国传统文化还存在许多误解和争论，这很大程度上源于人们对其当代价值的评价出现了偏差。因此，有必要对中国传统文化当代价值进行全面的客观的评价。第一，有利于廓清认识迷雾。中国传统文化到底有何价值，有多大价值，一般性的论据和论证无法令人信服。全面的客观的价值评价更具有说服力，更容易廓清对中国传统文化的认识迷雾。第二，有利于树立科学态度。人们对待传统文化往往容易走极端，支持者全盘肯定，过度拔高其当代价值；反对者则全盘否定，过度贬低其当代价值。全面的客观的价值评价，可以使人们树立辩证的科学的态度。第三，有利于分析机遇挑战。当前，中国和世界都发生着深刻变化，实现中国传统文化当代价值既面临难得机遇，也遭遇巨大挑战。全面客观的价值评价，使人们可以认清机遇和挑战，以便更好地利用机遇，应对挑战。第四，有利于找到传承方法。僵化的、错误的方法不仅无法实现中国传统文化当代价值，甚至会适得其反，引起人们对传统文化的反感和误解。全面的客观的价值评价，使人们认清中国传统文化当代价值的具体内容和实现条件，以便找到更好的传承方法。

（三）评价中国传统文化当代价值的可行性

对中国传统文化当代价值进行评价虽然复杂，但也具有可行性。只要充分把握价值主体和价值客体,找到合适的价值评价标准,就可以得出正确的评价结论。

第一个环节,确定评价主体、评价客体、价值主体和价值客体。对中国传统文化当代价值进行评价,评价主体是评价的实施者,即评价者;评价客体是中国传统文化与当代中国之间的意义关系,包括这一意义关系的内容、形式和程度等方面;价值主体是当代中国,包括个体、家庭、团体、社会、国家等不同层面的价值主体;价值客体是中国传统文化,包括物质层面、精神层面和制度层面等三个层面的中国传统文化。

第二个环节,分析和克服价值评价影响因素。基于评价的复杂性,结合中国传统文化当代价值评价的特殊性,主要分析四个方面的影响因素:评价主体的主观性、价值主体需要的多样性、价值客体属性的复杂性、评价标准的科学性。分析影响因素,是为了克服这些影响因素,最终得到尽量全面的客观的价值评价结论。

第三个环节,选择确定科学的价值评价标准。评价标准是评价价值客体对主体有无价值和价值大小的尺度,确立科学的价值评价标准是中国传统文化当代价值评价的中间环节和关键环节。科学的价值评价标准应充分体现价值主体的客观需要。

第四个环节,得出价值评价结论。通过确定评价主体、评价客体、价值主体和价值客体,分析和克服价值评价的影响因素,选择确定科学的价值评价标准,最终得出价值评价结论。价值评价的结论应尽量全面和客观,这样才具有评价的意义,才能作为指导实践的重要参考。

二、影响中国传统文化当代价值评价的主要因素

(一)评价主体

虽然人们做判断时尽量追求全面和客观,但评价者不可避免地受到内在的和外在的各种因素影响,致使做出的判断出现偏差。其中,影响评价者做出正确判断的内在因素是评价者自身的一些主观性因素,如情感、知识和能力等。

1.情感因素

人是感性的动物,人们对世界的认识无不带着自身的情感因素。影响人们价值评价的情感因素很多,这里简要分析兴趣和立场对评价的影响。首先,兴趣会影响评价结论。不同的人有不同的兴趣,因年龄、身份、性格等方面的不同而不同。对中国传统文化,有的人具有浓厚兴趣,有的人则不感兴趣。这种兴趣方面的差异,会造成价值评价结论的不同。其次,评价者的立场也会影响评价结论。人们对事物的评价往往受立场的影响,立场又与人的社会地位、经济收入、职业类别密切相关。立场不同,人们评价的角度和情绪就不同。关于对《红楼梦》的评价,鲁迅就曾指出:“单是命意,就因读者的眼光而有种种:经学家看见《易》,道学家看见淫,才子看见缠绵,革命家看见排满,流言家看见宫闱秘事……”[①]可见,不同立场的主体对同一客体,会看到不同的内容,产生不同的评价。值得注意的是,人们所处的时代条件、社会环境,会影响人们对中国传统文化的情感。五四时期,内忧外患的严峻形势使一些知识分子对中国传统文化质疑和批判;而在和平繁荣、民族复兴的今天,人们更容易对中国传统文化产生喜爱和敬意,从而做出正面评价。

2.知识因素

人们对事物进行价值评价,是做出关于该事物的“价值判断”,但“价值判断”的获得,往往要以“事实判断”为基础。人们要评价某一客体与某一主体之间价值关系,要首先掌握这一客体与这一主体的基本事实和运动规律。没有这方面的知识,价值判断就无法进行。对中国传统文化当代价值进行价值判断,要求评价者具备相关的丰富知识。一是要具备事实性知识。事实性知识是一些关于事物基本事实的知识。中国传统文化的事实性知识,包括它的基本内容、发展脉络、主要特征等方面的知识。中国传统文化源远流长、博大精深,单是事实性知识就极为庞杂,不容易全面掌握。二是要具备理论性知识。理论性知识是一些关于事物运动规律的理论。中国传统文化的理论性知识,

① 鲁迅.鲁迅全集 第8卷[M].北京:人民出版社,2005:179.

包括它的内在矛盾、发展动力、发展趋势等方面的理论，以及文化方面的相关理论。关于中国传统文化的理论性知识系统而深刻，掌握起来比较困难。但是，要得出全面的客观的价值评价，评价者就必须尽量掌握更真实、更丰富、更深入的知识。

3.能力因素

价值评价是一项对事物进行价值判断的认识活动，它遵循认识活动的一般规律。人的认识活动要想深入和准确，需要具备一定的认识能力。对中国传统文化进行当代价值评价，同样需要比较强的认识能力。一方面，评价者需要科学思维的能力。评价中国传统文化，评价者需要逻辑思维能力，进行严密准确的分析和论证；需要辩证思维能力，分析矛盾、掌握重点、抓住主流；需要战略思维能力，从长远和全局出发，展开观察和思考；需要历史思维能力，善于以史为鉴、知古鉴今。另一方面，评价者还需要运用方法的能力。评价中国传统文化，只有科学的思维能力是不够的，还需要将科学的思维能力转化为进行价值评价的具体的科学的方法，从而找到价值评价的“桥”和“船”。

在价值评价活动中，评价者容易受到情感因素、知识因素和能力因素等主观性因素的影响，最终影响评价的结果。因此，评价者必须有意识克服这些影响因素。

(二)价值主体

价值是主客体之间的意义关系，主体需要是价值关系产生的基本前提。人是价值的主体，价值主体的类型是多样的，价值主体的需要也是多样的。多样的价值主体与多样的价值需要结合起来，就产生了价值主体需要的多样性。价值主体需要的多样性，直接影响了人们对中国传统文化当代价值的评价。

(三)价值客体

每个事物都有其固定的质的规定性，并以此与其他事物相区别。在与其他事物的关系中，事物的某种质表现为事物的某种属性。在不同关系中，事物会表现出不同的属性。因此，事物的属性是多样的、复杂的。中国传统文化作为一个庞大的文化系统，与当代中国发生联系，其要素的属性与系统的属性，都是很复杂的，这就给价值评价带来很大影响。

(四)评价标准

评价标准是评价主体评价价值客体有无价值和价值大小的尺度，要做出正确的价值评价，必须选择科学的评价标准。在人们的实践活动中，不同的人对同一事物做出不同的价值评价，重要原因之一就是人们选择了不同的评价标准。对中国传统文化进行价值评价，选择不同的评价标准，会得出不同的评价结论。长期以来，人们关于传统文化产生的争议，很大程度上是价值标准不同引起的。可见，价值标准是否科学，将直接影响价值评价的结论。

确立科学的评价标准，是价值评价过程的中间环节和关键环节。科学的评价标准必须能够反映主体多样需要，并且具备广泛适用性。就人类需要而言，生产力发展是根本需要，它为人的各种需要奠定根本基础；社会发展是基本需要，它为人的各种需要提供基本保障；人的自由全面发展是最终需要，促进生产力发展、社会发展，最终目的是促进人的自由全面发展。生产力发展、社会发展、人的自由全面发展三者各有侧重、相互联系，生产力发展为社会发展和人的自由全面发展奠定物质基础，社会发展为生产力发展和人的自由全面发展创造社会条件，人的自由全面发展为生产力发展和社会发展提供人才支撑。

基于这些分析，可以确立中国传统文化当代价值评价的三个评价标准：生产力发展标准、社会发展标准和人的自由全面发展标准。评价中国传统文化当代价值，就是看它在当代能否以及在多大程度上促进生产力发展、社会发展和人的自由全面发展。这三个标准，集中反映了人类的多样需要，并且具有广泛的适用性，是科学的评价标准。

三、中国传统文化当代价值的评价结论

(一)多维性

从价值的表现维度上看，中国传统文化当代价值具有多维性。价值的多

维性,是指价值不是单一的,在不同维度上表现为不同价值。中国传统文化当代价值的多维性,可以从价值主体、价值形态和价值领域等几个维度来理解。

1.个体价值与群体价值

从价值主体维度看,在当代中国,中国传统文化既具有个体价值,又具有群体价值。第一,个体价值。个体的需要是多种多样的,既有衣、食、住、行、用等方面的生存需要,也有自由发展、全面发展等方面的发展需要。中国传统文化对于个体的这些需要,可以在一定程度予以满足。在生存需要方面,优秀的传统服饰、传统建筑、传统饮食等,依然可以发挥作用。在发展需要方面,中国传统文化中的民族精神、治国思想、文学艺术、传统美德、历史经验、思维方式等,对人的自由发展和全面发展具有重要意义。第二,群体价值。群体的种类是多种多样的,家庭、团体、政党、政府、社会、国家、人类等都是不同的群体。群体的需要也是多种多样的,在中国传统文化中,良好的家教、家风、家规有助于家庭的幸福和谐,历史上优秀的廉政文化有助于政党的廉洁高效,传统美德有助于社会的稳定有序,传统治国思想有助于国家的繁荣富强,中华以和为贵、公平正义的价值理念有利于世界的和平与文明。在当代治国理政实践中,中国传统文化已经充分显示了这些方面的巨大价值。

2.物质价值、精神价值与交往价值

从价值形态维度看,在当代中国,中国传统文化具有物质价值、精神价值和交往价值。第一,物质价值。一方面,中国传统文化中的服饰、饮食、建筑、器物等,还可以直接满足人的衣、食、住、行、用等方面的物质需要。另一方面,中国传统文化中的治国思想、价值观念、发展理念、文学艺术等,可以服务于物质资料生产,间接发挥文化的物质价值。第二,精神价值。在人的基本需要中,求真、向善、审美的需要是重要的精神需要。中国传统文化中博大精深的哲学思想、伦理观念、文学艺术等,可以为今天人们求真、向善、审美提供丰富而宝贵的精神食粮。第三,交往价值。人生活在社会关系之中,人的物质需要和精神需要的满足,离不开交往这个前提,因此人有交往的需要。中国传统文化中的一些伦理规范、礼仪风俗、法律制度等，可以有助于人们处理好人与人之间的关系、人与社会之间的关系，从而为建立和谐、公正、合理的社会秩序提供重要借鉴和启发。

3.经济价值、政治价值、文化价值、社会价值与生态价值

从价值领域维度看，在当代中国，中国传统文化具有经济价值、政治价值、文化价值、社会价值和生态价值。

第一，经济价值。在经济建设领域，中华优秀传统文化既可以为经济发展，特别是文化产业的发展提供直接的文化资源，还可以为经济发展提供有力的道德支撑和智力支持。

第二，政治价值。在政治建设领域，中国传统文化可以为政治文明进步提供深刻的历史经验借鉴和治国思想启发，还可以为廉政建设提供优秀的廉政文化。

第三，文化价值。在文化建设领域，中国传统文化是中国当代文化的源头活水，可以为社会主义文艺创作提供有益指导，为社会主义哲学社会科学建设提供深刻启发，为社会主义核心价值观建设提供丰厚滋养。

第四，社会价值。在社会建设领域，中国传统文化积累了丰富的社会治理经验和资源，可以为维护社会和谐稳定提供丰富经验，为促进社会公平正义提供宝贵借鉴，为解决社会矛盾提供有益启示。

第五，生态价值。在生态文明建设领域，中国传统文化包含人与自然和谐相处的深刻思想，可以为当前生态环境的改善提供有益启发。

除了经济、政治、文化、社会和生态等领域，中国传统文化在军事、外交等领域也有很重要的当代价值。

上面从价值主体、价值形态和价值领域三个维度分析了中国传统文化当代价值的多维性，可以说明中国传统文化当代价值涉及生产力发展、社会发展和人的自由全面发展的方方面面。认识到中国传统文化当代价值的多维性，我们就应更加自觉地从各个角度、各个方面发掘和实现其当代价值。

(二)时效性

从价值的时间范围上看,中国传统文化当代价值具有时效性。价值的时效性,是指在一定时间范围内,价值的内容和性质保持相对稳定,超过一定时间则会发生变化。中国传统文化当代价值的时效性,一方面指这种价值长期稳定,另一方面则指这种价值因时而变。中国传统文化当代价值既是稳定的,也是变化的,是稳中有变,变中有恒。

1.长期稳定

人类的需要随着时代的变化而变化,但一些基本需要是长期稳定的。作为满足人类需要的文化创造,其中的一些优秀文化成果的价值具有长期稳定性。中国传统文化是中华民族在长期历史实践中创造的优秀文化成果,其价值具有长期稳定性。

第一,一些文化成果具有永不褪色的价值。习近平指出:“中华优秀传统文化中很多思想理念和道德规范,不论过去还是现在,都有其永不褪色的价值。”[①]在中国传统文化中,一些优秀文化成果是中华民族伟大智慧和高超艺术的结晶,从产生之日起,就具有永不褪色的价值。以文学为例,李白称赞屈原的创作说:“屈平词赋悬日月,楚王台榭空山丘。”(李白《江上吟》)韩愈又称赞李白、杜甫的诗篇说:“李杜文章在,光焰万丈长。”(韩愈《调张籍》)从《诗经》《楚辞》到唐诗、宋词、元曲,再到明清小说,其中的经典之作流传至今而不衰,成为历代人民群众喜闻乐见、百读不厌的文学精品。这说明,历史上一些经典文学作品,具有永不褪色的文学价值。再以道德为例,历史上形成的一些传统美德,如“尊老爱幼”“尊师重教”“诚实守信”“勤俭节约”等,至今仍具有重要价值。

第二,一些文化成果具有无可替代的价值。社会存在决定社会意识。文化具有时代性,一种文化样式有其出现的时代环境。中国传统文化中的一些经典之作,是特殊时代背景下产生的,是独具特色的。因为独具特色,所以无

① 习近平.在文艺工作座谈会上的讲话[M].北京:人民出版社,2015:26.

可替代。例如,《诗经》《楚辞》之于中国文学,《左传》《史记》之于中国史学,《老子》《庄子》之于中国哲学,《说文解字》《尔雅》之于中国语言学,都是特殊时代背景下产生的特殊作品,它们的价值是无可替代的。正因为中国传统文化中许多优秀文化成果具有永不褪色和无可替代的特征,其当代价值具有长期稳定性。

2. 因时变化

人类的需要在变化,人类满足自己需要的能力在变化,价值关系实现的环境、条件也在变化,事物的价值必然随着时代的变化而变化。虽然中国传统文化当代价值具有长期稳定性,但当代中国毕竟不同于古代中国,其价值具体情况必然发生了变化。

第一,价值的地位作用因时而变。在当代中国,中国传统文化只是众多文化形态中的一种,虽依然占据极其重要的地位,但其价值的地位作用不可避免地发生了变化。例如,在中国古代相当长时间内,儒家思想是占据主导地位的意识形态,具有至高无上的地位;但在当代中国,儒家思想仅仅是众多治国思想中的一种,只起借鉴、启发作用,失去了主导地位。第二,价值的具体内容因时而变。中国传统文化中的一些文化成果,其价值的具体内容也发生了变化。例如,在中国古代,长城一度是中华民族防御外敌侵略的军事工事;但在当代中国,长城失去了军事防御价值,而成为中华民族的文化遗产。第三,价值的实现方式因时而变。随着科学技术的进步,一些文化成果价值的实现方式也发生了变化。例如,在中国古代,四大名著主要通过纸质印刷的方式流通,人们接受的是文字;而在当代中国,四大名著被拍摄成影视作品,以影音的方式为人广泛接受。认识到中国传统文化当代价值的时效性非常重要。一方面,肯定中国传统文化当代价值长期稳定,我们就可以更加坚定文化自信,充分挖掘并实现其当代价值,使其为当代中国服务。另一方面,肯定中国传统文化当代价值因时而变,我们就可以更加增强文化自觉,以科学的态度和方法实现其当代价值。

(三)差异性

从价值的具体内容上看,中国传统文化当代价值具有差异性。价值的差异性,是指价值是有差异的,其具体内容因人而异、因事而异、因时而异。中国传统文化当代价值的差异性,不仅表现为质的差异性,而且表现为量的差异性。

1.质的差异性

文化成果的价值往往具有质的差异性。中国传统文化内容丰富,其包含的民族精神、治国理念、传统美德、文学艺术、历史经验、思维方式等文化成果,在当代中国具有不同价值。第一,对同一主体,不同文化成果的价值具有质的差异性。主体需要具有多样性,不同文化成果满足的是主体不同方面的需要,因此具有差异性。例如,针对国家这一主体,中国传统文化中的治国理念、文学艺术、历史经验等的文化成果发挥着不同作用,表现出价值的质的差异性。第二,对不同主体,同一文化成果的价值具有质的差异性。不同主体具有不同的需要。对于不同主体而言,同一文化成果满足的是不同主体的不同需要,因此具有差异性。对于不同主体、不同文化成果的价值自然也是千差万别的。中国传统文化当代价值质的差异性,也从另一个方面说明了其价值的多维性。

2.量的差异性

文化成果的价值还往往具有量的差异性。人类创造的文化成果从价值量的角度看,一些经典之作的价值远远大于普通作品的价值。中国传统文化内容丰富,其包含的不同文化成果,其价值量有大小之分。第一,对同一主体,不同文化成果的价值量不同。对同一主体,不同文化成果满足人需要的程度是不同的。例如,对于一个艺术家而言,中国传统文化中的文学艺术类作品,要比哲学军事类作品具有更大价值;同样是文学艺术类作品,《红楼梦》《三国演义》等经典作品比其他一般作品有更大价值。第二,对不同主体,同一文化成果的价值量不同。对不同主体,同一文化成果满足人需要的程度也是不同的。价值的实现不仅要看主体需要、客体属性,还要看价值实现的条件,特别是主体实现价值的能力。不同人接受中国传统文化的能力是不一样的,对于历史学家来说,《左传》《史记》具有巨大价值;而对于一些人来说,这些作品可能会由于语言障碍而价值很小。对于不同主体,不同文化成果的价值量自然也不同。

认识事物的质是认识的基础,认识事物的量是认识的深化。通过定性分析,认识到中国传统文化当代价值质的差异性,就可以针对主体的需要和情况,正确区分价值的差别,具体问题具体分析,并有目的地实现价值。通过定量分析,认识到中国传统文化当代价值量的差异性,就可以针对主体的需要和情况,准确定位价值的大小,避免盲目贬低或过度拔高,并有目的地创造实现价值最大化的条件。

第三章 中国传统文化当代价值的体现

中国传统文化孕育于中华民族五千多年源远流长的文明发展历程中，是在历史卷轴中不断积淀的优秀部分，是渐进改进和内生演化的结果，是流传至今仍具有重要价值的财富，其中蕴含丰富的文化内容，有独特的思想价值理念、浩如烟海的文艺精品，并且文化形式丰富多样，集中体现了中华民族的历史、精神和品格。弘扬中国传统文化对个体发展、社会治理以及人类共同发展具有现实意义。那么积极探索中国传统文化的弘扬路径，就要坚持守正和创新相融合，坚持挖掘与阐发相结合，坚持吸收借鉴外来优秀文化，谱写中国传统文化灿烂诗篇。

第一节 中国传统文化是马克思主义中国化的力量源泉

一、马克思主义与中国传统文化的契合之处

中国传统文化是马克思主义中国化不可忽视的深厚文化土壤。正如有学者指出，马克思主义中国化是以中国固有的民族文化为土壤和条件的，马克思主义吸收、改造了中国传统文化的优秀思想，为马克思主义中国化奠定了基础。[①]由此，近年来中国传统文化与马克思主义之间理论契合的机制问题引起学者重视，也涌现出了许多研究成果。

(一)二者具有内在统一性

针对二者内在统一性问题的研究，主要有三种视角。

第一，基于历史发展视角解析马克思主义中国化的思想特质：一是中国传

① 李宗桂.中国传统文化的现代价值[M].北京：人民出版社，2019：488.

统文化是马克思主义中国化的文化桥梁，为中国人民接受马克思主义提供了文化认同基础。认同基础就在于二者具有的共同点和契合点；二是中国传统文化是社会主义核心价值观的传统思想资源；三是中国传统文化是“中国特色”的历史依据。

第二，基于辩证视角论说二者的内在统一性关系。有学者主张马克思主义与中国传统文化之间具有内在统一性；以马克思主义的指导作用引领传统文化的发展方向；以传统文化中的优秀思想资源满足新时代马克思主义的发展需求；在增强民族文化自信的过程中发展新时代马克思主义。因此，马克思主义中国化的基本问题是科学处理中国传统文化与马克思主义的关系问题，要求以中国文化创造性地改造马克思主义，将中华民族基因和优秀传统文化融入马克思主义，使其既能保持自身核心思想和理论本性又兼具本土特色和文化气韵。这一观点将中国传统文化与马克思主义在新时代发展的角色和功能定位做了简要清晰的论析。由此可见，二者之间的内在统一性是中国传统文化得以实现创造性转化与创新性发展的内在机理，同时是马克思主义中国化所具有的重要文化发展逻辑。

第三，基于时代视角，指出中国传统文化与马克思主义二者的内在统一是马克思主义中国化的时代要求：发展新时代的马克思主义，在新的历史起点上进一步推进马克思主义中国化的历史进程，必然要求中国传统文化与马克思主义的内在统一，摒弃历史虚无主义、文化虚无主义、政治虚无主义等错误意识形态倾向，给予中国传统文化应有的历史地位，并充分发挥其当代价值。在筑牢马克思主义意识形态领域指导地位的同时，以高度的文化自信推进马克思主义在新时代的创新发展。[①]新时代马克思主义中国化的发展应基于两方面：一方面坚持马克思主义在意识形态领域中的指导地位不动摇，这是切实传承与大力弘扬中国传统文化，推进21世纪马克思主义中国化的首要条件。正如有学者所指出，中国古代哲学家在思考问题时总是强调先立乎其大者。今

① 刘同舫.马克思主义基本问题的辨与思[J].南京师范大学学报（社会科学版），2021(1).

天我们实现传统文化的创造性转化、创新性发展也应如此。这个“大者”就是以马克思主义作为指导思想。[①]只有坚持马克思主义为指导，才能保证中国传统文化的创造性转化与创新性发展沿循方向的正确性；另一方面，21世纪马克思主义中国化应更旗帜鲜明地与中国传统文化相结合。这是时代精神的深切呼唤，是我们对于中华文化优势的自觉，也是彰显文化自信的必然要求。从这个意义上说，对于中华文化的自信，就是对于中国特色社会主义文化的自信。因此，研究马克思主义与中国传统文化的理论契合性与内在统一性问题具有重大理论意义与现实意义。

(二)二者具有内在互动性

有学者就马克思主义与中国传统文化的发展问题，提出了影响较大的“文化双向选择”说。该论说对马克思主义与中国传统文化相结合的必然性、必要性与可能性等问题皆有深入阐述。首先，就其必然性而言，认为一种文化传到另外一种文化环境，原有文化会因受外来文化的刺激而发生变化；外来文化也要适应原有文化的某些特性与要求而有所变形，所以在两种不同文化传统相遇过程中，文化的发展就存在一个双向选择的问题。[②]其次，就其必要性而言，指出中国文化的重建必须面对两个“传统”：一是以儒家文化为代表的中国文化传统；二是马克思主义传统。前者是中华民族复兴的支撑文化力量；而后者自20世纪初进入中国以后，不但为中国社会带来了翻天覆地的变化，也对中国文化产生了重大影响。可见，中国社会的建设不仅离不开对新旧两个传统的继承，而且更需要在两个传统相结合的过程中实现文化的创新与发展。最后，就其可能性路径而言，作为中国传统文化主要代表的儒学思想与马克思主义之间存在四个方面的契合点：一是皆秉持理想主义的态度，二是皆为实践的哲学，三是皆从社会关系去定义人，四是对于斗争与和谐关系的看法皆有相通

---

① 李维武.传统文化的创造性转化与创新性发展——对习近平文化观的思考[J].武汉大学学报(哲学社会科学版),2018(3).

② 孙尚扬.略论汤一介对文化问题的思考[J].中国哲学史,2014(4).

处。平心而论，这一“文化双向选择说”的建构意向在于承认文化主体多元性与文化融合必然性的客观存在。

还有学者提出了马克思主义的“文化综合创新说”[①]，即在马克思主义指导下，用社会主义核心价值观综合中西文化之长，创新中国文化。“文化综合创新”的核心是对马克思主义和中国优秀文化传统的综合，具体主张可概括为：古为今用、洋为中用、批判继承、综合创新。[②]此外，也有学者基于“文化综合创新说”，进一步提出“马魂、中体、西用”论。换言之，便是马学为魂、中学为体、西学为用，“三流合一”，综合创新。所谓“三流合一”，就涉及中、西、马的融合问题。具体来说，引进“魂”这个与作为精神指导原则之“体”意义相近的概念，而将“体”专门用来指称主体、实体，即联结形而上与形而下的“形”，用“魂、体、用”三元模式把体用范畴的两种含义在一定程度上综合起来，以解决中、西、马“三流合一”问题。其中实质或核心问题是要把坚持以马克思主义为指导与挺立民族文化的主体性两者结合、统一起来，放在同一个三维结构的模式中。基于这一考量，有学者提出了“一元主导，多元兼容”的方法论原则，即以马克思主义为一元主导，而儒学与自由主义的某些思想资源可以作为支援意识，被兼容抑或辩证地综合进来。

此外，还有学者提出“两化”说，即马克思主义中国化与中国传统文化时代化，认为马克思主义只有中国化才有勃勃生机，中国传统文化只有时代化才有旺盛活力。马克思主义中国化只有与中国传统文化时代化在创新中结合、在实践中结合、在互动中结合，中国特色社会主义文化才具有强大的生机活力。[③]该观点强调二者只有在具体的互动演化过程中结合，方能激发出当代中国特色社会主义文化的生机活力。

(三)二者具有深度契合性

马克思主义与儒家的终极关怀间存在深度契合性。具体而言：一是二者

---

① 李宗桂.“文化综合创新论”的价值与中国文化前景[J].黑龙江社会科学，2019(5).

② 杨翰卿.方克立先生文化综合创新三境界[J].中州学刊，2014(7).

③ 徐光春.马克思主义中国化与中华传统文化时代化[J].贵州师范大学学报(社会科学版)，2017(1).

在基本理论特质上表现出了相当的契合性，皆主张从社会性来看待人的本质，并对人性归根结底抱持乐观态度；皆强调在生命终极意义的安顿方面可以“自我做主”，即依靠人自身的躬行践履就能得到满足；皆主张在人间建立理想的社会形态，而不是把希望寄托于“上帝之城”；皆是在与当下的他人及他物相联系的过程之中实现，而不是在“末日审判”中以个体生命或灵魂去面对上帝；等等。这就使马克思主义成为虽直接源起于西方，但却在人归根结底自我做主而不是皈依于外在的上帝这一根本的理论关节点上，堪称与儒家具有高度类同性的终极关怀价值系统。二是作为一种诞生于人类历史的全球化与现代化阶段，社会主义实现了从空想到科学的变革，马克思主义通过对人类社会发展演进的历史规律的揭示，在如何切实推进理想社会逐步实现这一儒家思想传统的“盲点”上体现出了巨大的物质性力量，足以为儒家传统的终极关怀价值系统补偏救弊，对中国文化传统的现代转化具有现实的促进与提升作用。两者间的特殊关联在深层价值取向上规约了现代中国的文化选择走向马克思主义的内在必然性。这是马克思主义中国化之后能够适应时代需要，对现当代中国社会发挥现实作用，并有力促进中国社会与文化的发展和变迁的重要前提。基于此，进一步推进马克思主义与儒家终极关怀价值系统之间的深度融合，同样是当代中国文化建设的重要时代课题。就此而言，儒家终极关怀价值系统或可为面向未来进一步拓宽马克思主义终极关怀的渠道或路径，扩大马克思主义终极关怀对普通民众的影响，提供一些具有启发意义的借鉴。[①]由此可见，该观点不仅主张马克思主义与儒学在终极关怀的价值向度上，如对于人性的乐观认知、强调人“自我做主”的主体性作用，以及在此岸世界即成就人的社会理想等方面具有契合性，而且认为二者之间可以产生积极的互补作用。因此，推进马克思主义与儒家终极关怀价值系统的深度融合是当代中国文化建设的时代课题。

---

① 李祥海.马克思主义与儒家终极关怀比较探析[J].中国特色社会主义研究,2015(5).

二、中国传统文化在马克思主义中国化进程中的定位解析

(一)文化定位解析

在马克思主义中国化进程中渗透融合中国传统文化,有助于马克思主义在中国传播速度更快、传播范围更广、传播效率更高,使马克思主义更加符合我国不同历史时期的具体实践及社会文化风格,为中国现代化建设进程提供更加有力的科学思维及理论指导。例如,随着中国特色社会主义现代化建设不断深入,我国对于中国传统文化和马克思主义中国化的研究、开拓和阐发也日益深化。习近平总书记强调:“要坚定文化自信,推动中国传统文化创造性转化、创新性发展,继承革命文化,发展社会主义先进文化,不断铸就中华文化新辉煌,建设社会主义文化强国。”①在此思想中,“创造性转化”和“创新性发展”突出的是对于我国优秀传统文化的创新和再创新。综上所述,要打破固有的僵化思维和历史局限,紧密结合当代社会的具体实践,将中国传统文化融入马克思主义中国化历史进程之中。可见,中国传统文化在马克思主义中国化进程中有着重要的文化定位。

(二)理论定位解析

自古以来,我国每项伟大理论成果的萌芽、形成、发展、完善的过程都以中国传统文化做理论支撑。新民主主义时期,中国的“群众路线”及“工农联合路线”,是受到古代“民本主义”思想的影响,无论是孟子提出的“民为贵,社稷次之,君为轻”理念,还是荀子和魏征先后提出的“水可载舟,亦可覆舟”等理念,都是对群众力量的深刻认知,将马克思主义思想与这些“民本”思想相互渗透融合,创造性地提出了“从群众中来,到群众中去”理论。20世纪80年代的“改革开放”理念,源于中国传统思想中的“革故鼎新”思想,这种传统改革思想在王安石变法和康有为、梁启超维新变法之中窥见一斑,而将这种思想进行理论创新,把改革与开放并用,扩展到我国社会主义建设的各个领域之中,则可强

① 习近平.在教育文化卫生体育领域专家代表座谈会上的讲话[N].人民日报海外版,2020-9-23.

调实行改革开放的重要性和历史必然性。后来，随着中国发展而提出的“三个代表”重要思想，也是将老子“以百姓心为心”、孔子“裕民”、孟子“民贵君轻”等理论进行的升华创新，使其成为中国共产党在建设中国特色社会主义国家中不断践行的重要准则。可见中国传统文化在马克思主义中国化进程中具有重要的理论定位。

(三)实践定位解析

在浩瀚的中国传统文化海洋之中，许多文化内容与马克思主义思想高度吻合及类似，所以中国传统文化是马克思主义中国化历史进程中的实践落脚点。例如，将源于东汉班固《汉书》中的“实事求是”与马克思主义思想同我国人民革命斗争的具体实践紧密结合在一起，坚持一切工作从实际出发，坚持理论联系实际，为中国走马克思主义道路提供了理论证明；改革开放初期，将《礼记》中的“小康”理念赋予更加具象的经济学内涵，联系到我国经济建设的目标，并用具体的数字来表达理想中的“小康”。可见，中国传统文化在马克思主义中国化进程中有着重要的实践定位。

(四)民族创新定位解析

将马克思主义同中华民族的特点相结合、同中华民族优秀的传统文化相结合，这是马克思主义中国化理论创新的新起点。马克思主义中国化进程是历史必然的选择，其道路创新的理念和谋求发展的观念，适合于全球无产主义者共同创建属于各国的特色马克思主义理论。而将各国现实状况与马克思主义思想相结合，创新发展出符合于自己本土实际和本民族特点的马克思主义理论，将为马克思主义的终极目标即构建世界共产主义社会的宏伟蓝图和实现全人类自由而全面的发展的实现提供坚实助力。马克思主义的理想目标与在中国传统文化中对理想社会“大道之行也，天下为公”的理念具有异曲同工之妙。可见，中国传统文化在马克思主义中国化进程中具有重要的民族创新定位。

(五)时代定位解析

在我国现代化建设的新时代下,中国共产党人紧随时代脚步,充分运用马克思主义基本原理,融会贯通中国传统文化,科学地制定与时俱进的战略方针。在中国共产党人和中国人民的共同努力下,将马克思主义中国化融合的程度提升到了一个新阶段和新境界。而在中国特色社会主义初级阶段提出全面建设小康社会,并在建党一百周年实现消除绝对贫困和全面建成小康社会的目标,这深刻地反映了“民本”思想,也反映了中国共产党人的初心与担当。在新时代的历史条件下,中国共产党人要更加正确领会和掌握马克思主义的基本内涵,充分发挥和体现文化自信,推进马克思主义中国化进程。可见,中国传统文化在马克思主义中国化进程中有着结合时代的定位。

三、中国传统文化融入马克思主义中国化的实践路径

(一)对中国传统文化中的时代因素予以挖掘

习近平总书记指出,中华文化源远流长,积淀着中华民族最深层的精神追求,代表着中华民族独特的精神标识,为中华民族生生不息、发展壮大提供了丰厚滋养。[①]中华民族的优秀传统文化底蕴深厚、内涵丰富,但是,发挥中华民族优秀传统文化的作用,必须深入发掘中国传统文化中的时代要素,使其符合时代以及发展需要。

第一,要凝练和归纳中国传统文化的精神标识。运用文化首先要对其进行全面把握,对中华民族的优秀传统文化深入学习,高度凝练,从而形成体系,是挖掘其时代元素的前提和基础。要从中国古代哲学观念里体味传统文化的精华,从中华民族传统节日里体会传统文化之底蕴,在古代诗词歌赋中领悟文人的风骨,提炼出中国传统文化的精神标识。

第二,要加强问题意识,发现时代问题。例如,当疫情肆虐中华大地,要充分挖掘中国传统文化中的以民为本、自强不息等思想,引导人们同心协力,

① 习近平.习近平谈治国理政[M].北京:外文出版社,2014:164.

风雨同舟，赢得战疫胜利。同时挖掘传统大同思想，主动援助世界受灾国家控制疫情，恢复经济，将天下为公的理念转换成新时代世界各国共同抗疫的精神支柱。

（二）发现中国传统文化与马克思主义的融合之处

首先，马克思的人文关怀理念与中华传统民惟邦本思想相契合，毋庸置疑，人是马克思主义哲学的出发点及归宿，马克思毕生都致力于让人实现自由全面的发展，让人真正地成为人，同时强调人民群众推动历史发展的重要作用。中华传统民本思想同样体现了对人民的人文关怀，强调人民安稳国家才能安宁，与马克思主义人的理念存在相似性，一直沿袭至今。

其次，唯物辩证法中前进性和曲折性统一的观点与中华传统自强不息的精神相契合，二者都认为面对前进道路上的艰难曲折，要相信前途是光明的，面对逆境要坚定信心，不懈奋斗，迎接希望。

最后，在对待人类世界问题上，马克思主义世界历史理论与中华传统大同思想有契合之处，畅想实现没有压迫、剥削，人与人和睦且真诚相待之公天下社会，二者为人类命运共同体思想的构思和提出供应重要理论资源。此外，中国传统文化同马克思主义还有诸多共通的地方，基于此，要加强学习，读原著、悟原理，同时学历史、读经典，不断探寻二者的契合之处。

（三）运用中国传统文化阐释马克思主义中国化理论成果

“推进党的理论飞入寻常百姓家，是新时代马克思主义大众化的新任务。”①马克思主义中国化最新理论成果要发挥实际效用必须采用中华民族优秀传统文化中人民喜闻乐见的表达方法，实现大众化。

其一，以中国古代故事为切入点讲述马克思主义中国化的理论成果。例如在讲到共产主义理想时，以陶渊明《桃花源记》为切入点，深刻描绘桃花源安宁和乐、自由平等的理想生活，展望未来共产主义社会的样子，以此坚定人民的理想信念。

---

① 刘勇．新时代马克思主义大众化的新任务及路径选择[J]．学习论坛，2020(10).

其二,运用古代诗词歌赋的表达方式,习近平总书记时常引用诗词典故传递执政理念和治国方针,成为各大报告中的一道亮丽风景,使我们真正感受到马克思主义的中国化,容易引发情感共鸣,也使理论更加容易被理解和牢记。

其三,注重挖掘本地资源,讲活理论成果。例如倡导实践是检验真理唯一标准的理论时,可以挖掘赣南通天岩的资源。王阳明在赣南任巡抚期间,曾在通天岩收徒讲学,主张知行合一。此外,各地的传统文化资源需要不断挖掘,要准确把握情景交融的关系,让大家愿意听,能听懂。

总而言之,中国传统文化博采众长,森罗万象,且深深植根于我们的血脉当中,要促进马克思主义的中国化,必须发挥优秀传统文化的作用,挖掘中国传统文化中的时代因素,探寻中国传统文化与马克思主义的契合之处,用中国传统文化表述马克思主义中国化理论成果,使马克思主义中国化的理论成果呈现中国气派,更使中国人民容易接受和理解,从而更好地发挥理论成果的实际效用。

(四)完成配套文化产品的批量生产

文化传播必然需要文化产品,这就必然要求与弘扬中国传统文化和马克思主义中国化配套的文化产品的批量生产,并且通过合理的投放渠道形成规模效应。应当有规律、有规模地投放高质量的社会主义文化产品,让更多优秀文化产品深入人心。假如观众打开电视看到的全是都市生活肥皂剧和肤浅的娱乐节目,青年人上网看到的都是微博热炒的明星绯闻和鸡汤段子,文化宣传就难以达到成风化人的目的。文化建设必须和文化政策、文化产业管理、文化体制改革密切结合起来。[①]此外,与文化宣传配套的文化产品还要有必要的思想深度。比如,宣传部门为冷鹏飞、麦贤得等"八一勋章"获得者制作的纪录短片,播出之后反响强烈。这些短片生动地诠释了什么是英雄,英雄的哪些品质特别宝贵,能让受众对革命传统产生由感性到理性的认识。可以说,思想有深度,宣传才有力度。

① 秦博,王虹,徐实.推动中华优秀传统文化与马克思主义中国化的深度融合[J].红旗文稿,2018(6).

第二节 中国传统文化是文化自信的灵魂

一、中国传统文化对坚定文化自信的作用

(一)是滋养文化自信的精神命脉

文化是人区别于动物的本质性特征,民族文化是人们在长期的生活中,逐渐形成的区别于其他民族的约定俗成的思想观念和行为方式的总和,是一个民族的独特标志。传统文化是一个民族发展的历史起点和逻辑宿命,任何一个民族的文化建设都必须在继承过去已有文化的基础上,进一步结合新的时代精神,发扬和创新文化。中国传统文化不是某一个阶级的文明创造成果,而是中华全民族的创造成果,上至统治者,下至普通的劳动群众,都是民族文化的创造者和传承者。因此,那种以偏概全,把传统文化仅仅定义为过时的、束缚人的和腐朽的思想观点是错误的。中国传统文化是中华民族在5000多年的文明发展历史中孕育出来的最优秀的文化成果,经过长期的扬弃和沉淀,逐渐形成的关于生存哲学智慧、政治思想、伦理道德和各种民俗文化等的文化总体,是中华民族的精神命脉,是提升中国特色社会主义文化自信的基石。人类历史上出现过26个文化形态,但随着人类社会的发展和时代的更迭,很多文化形态要么衰落消亡,要么被其他文化征服了,现在只存在七八个文化形态,而其中唯有中华文化在几千年的历史长河中虽历经挫折,但始终绵延不绝,不曾中断过,这足以证明中国传统文化有着多么强劲的生命力。以习近平同志为核心的党中央越来越强调中国传统文化在提高中国特色社会主义文化自信上的战略性地位和作用,强调要将传统文化的积极基因植入到提升文化自信的方方面面。习近平指出,中华文化积淀着中华民族最深沉的精神追求,包含着中华民族最根本的精神基因,代表着中华民族独特的精神标识,是中华民族生生不息、发展壮大的丰厚滋养。[①]当前,我国倡导的很多文化价值观都是对中

---

① 中共中央宣传部.习近平总书记系列重要讲话读本[M].北京:学习出版社,2014:100.

国传统文化的继承和结合新时代要求的创新性发展，比如，“小康社会”“和谐社会”“从群众中来，到群众中去”和“人类命运共同体”等。

（二）具有的内在优势是铸就文化自信的底蕴所在

首先，博采众长是中华文化的优势之一。[①]故步自封从来不是中华民族的特质，从历史上看能够延续五千年之久的中华文明实则是博采世界各文明之所长，由此才生生不息得以延续。中国人自古就有探索和对外交往的欲望。北魏孝文帝是中华民族历史上的“好学生”，这位雄才大略的君主主张汉化，而且先后拜印度、波斯、希腊文化为老师。云冈石窟中罗马式的廊柱，鼻梁高挺、眼窝深邃的佛像是学习希腊文明的余留，而佛像的装扮又带有印度文明和波斯文明的遗迹。公元7世纪的唐朝长安城是当时世界文化的中心，恢宏气派汇聚了100多万人口，有数量众多的外邦交流使团和留学生，在当时的世界绝无仅有。人民食用着阿拉伯的面食，享受着罗马医术带来的方便，还派出大量的使团出访外国，海上丝绸之路就是在唐朝兴盛的，拜占庭和波斯帝国的金币也大量流通。开放包容、博采众家之长的中国传统文化为我们在新时代树立文化自信奠定了坚实的文化底蕴，是复兴中华文化的底气。

其次，中华文化心怀天下。中华文明不同于欧洲文明最重要的特点之一就是中华民族所特有的包容性。通常来说欧洲一个民族就是一个国家，但是具有强大向心力的中华民族在历史发展过程中逐渐形成了包容五十六个民族的大一统国家，不同的民族异彩纷呈又和谐共生，共同创造了伟大的中华文明，无论文学、艺术，还是天文、历法，抑或是服饰、建筑，各种民族文化蔚为壮观、共同发展，这就是刻在中国人骨子里的“和而不同”精神最好的诠释。例如，宗教意识十分强烈的犹太人曾经来到中国，在宽厚和谐的文化氛围中他们也选择逐步融入，而非像在西方一样与西方文明发生激烈的冲突，这是西方文明所主张的适者生存的“丛林法则”所无法比拟的。现在我们所实行的“民族区域自治制度”和“一国两制”等制度就是对于这种“和谐”的传统理念最成功

① 韩卓鹏，潘超．弘扬中华优秀传统文化 铸就文化自信的理与路[J]. 沈阳干部学刊，2022(1).

的继承。这种主“和”的理念还体现在中国人的“天下”观念,中国的“天下”观念是世界上不同民族形成多元一体的“大同”世界,构建不同文明和谐共生的大格局,是超越“国家”概念的更高一级的理念,这种理念高度契合了马克思主义构建共产主义社会的理想目标。习近平总书记所提出的构建“人类命运共同体”理念已经得到了国际社会的广泛认同,这是中华文化“天下”理念的生命力的最好诠释。自古以来,中国人做人的标准就是成为心怀天下的君子和大丈夫,或再高一级成为后世所景仰的圣贤,因此中华民族敢于担当的责任意识是流淌在血液中的。中华文化在不断发展过程中所形成的独特文化优势,显示出中华文化内在包含着强大的生命力,这是铸就文化自信最深厚的支撑。

(三)蕴含解决人类问题的智慧,为坚定文化自信提供实践依据

优秀传统文化思考和表达了人类生存与发展的根本问题,蕴藏着解决时代问题的智慧光芒和重要启示。随着我国国力的增强,传统文化正以其独特的价值在世界舞台上散发出迷人的魅力。

1.“和而不同”为地区纷争提供中国方案

“和而不同”是中国传统文化的核心价值理念。早在几千年前,我们的祖先就对“和而不同”有了深刻的理解。《国语·郑语》:“夫和实生物,同则不继。以他平他谓之和,故能丰长而物归之;若以同裨同,尽乃弃矣。”《管子·内业》:“和乃生,不和不生。”求和则万物生,求同则万物灭。因为古人深深懂得“夫物之不齐,物之情也”这一世间万物生长发展的规律,世界上没有完全相同的两片树叶,事物的千差万别、千姿百态是自然规律和客观情形,如果不考虑这些差异性和多样性,而一味求同,只能使万物的生机消失。唯有和而不同,才能生生不息,自然界的万物生长如此,人类社会发展亦是如此。

那么传统文化中“和而不同”的价值观具体包括哪些内容呢?习近平曾对此进行过精辟概括,中华文化崇尚和谐,中国“和”文化源远流长,蕴涵着天人合一的宇宙观、协和万邦的国际观、和而不同的社会观、人心和善的道德观。在5000多年的文明发展中,中华民族一直追求和传承着和平、和谐、和睦的坚

定理念。这些价值理念弥足珍贵,是中华民族贡献给世界的宝贵精神财富,也是当今人类共同生存的基本法则。

当今世界,地区间摩擦冲突频发,纷争不断,一些地区常年战火连绵,人们流离失所,苦不堪言。究其原因,矛盾的根源很大程度上源于文化观念上的不同、意识形态上的冲突。"和而不同"正是中华文化给出的解决这些危机的"通途大道"。在面对矛盾和冲突时,如果用"和而不同"的观点来处理和看待问题,"求和而不求同","有话好好商量",在接触、交流、对话中承认差异,包容差异,尊重差异,就能化解矛盾,达成共识,走向"仇必和而解"。反之,如果只强求"同"而不谋求"和",想要千方百计去改造,甚至取代别人的观念和文明,战争就会一触即发,造成不可估量的灾难性后果。《易经》有言:"天下同归而殊涂,一致而百虑。"所以尽管使用的方法途径千差万别、各有不同,但最后的结果是一致的,那就是走向"和谐"、走到一起。从这个意义上说,坚持和而不同,方能天下大同。

2."经世致用"为全球治理提供中国经验

中国传统文化以"经世致用"为目的,不管谈论修身做人、治学为官的道理,还是阐释治国安邦的义理,其着眼点和出发点都紧紧围绕如何"经世致用"而展开,力戒空谈,务求实效,以达到真正提高个人修养、真正提升学问水平、真正济世安民的目的。且正因为其"经世致用",优秀传统文化才能"跨越时空、超越国度、富有永恒魅力",对于当今社会仍具有重要意义。

一是传统修身思想经世致用,可以为道德建设和治国理政提供借鉴。传统文化提倡"以德治国",在论述"为政以德""修德爱民"时并不是空谈道德教化,而是将道德修养落实到修身齐家、治国平天下的实践之中。《大学》曰:"物格而后知至,知至而后意诚,意诚而后心正,心正而后身修,身修而后家齐,家齐而后国治,国治而后天下平。"里面提出的实现天下大治的八个步骤,即"格物""致知""诚意""正心""修身""齐家""治国""平天下",步步推进、环环相扣,每一步的实现都以前一步为基础,而"修身"又是最根本的,修好自身,才能齐家，才能“安人”，以至于“平天下”。这些宝贵思想告诉我们，要想实现国家大治的“大德”，就要首先重视个人品德的养成和提升，唯有先修好自身，才能谈到其他，才能去齐他、治他、平他。

二是传统生态理念经世致用，可以为生态文明建设提供借鉴。环境污染日趋严重，生态失衡、资源短缺、灾害频发等严重制约着世界经济发展。如何保护环境、爱护自然，成为全球性的重大课题。传统文化中蕴藏着丰富的生态智慧，可以为我们正确处理人与自然关系提供有益启示。传统文化强调“天人合一”“天地人和”，认为人和自然是相互联系、和谐统一的整体。北宋的张载更是提出“民胞物与”的主张，提出像爱自己一样，来爱一切人一切物，其中浸透着对自然万物的珍视。“取之有时，用之有节”“劝君莫打三春鸟，子在巢中望母归”等传统谚语都传递出“尊重自然，善待自然”的朴素道理。我们今天面对自然时，如果多一些把自然万物当作同伴的观点，与天地为友、与万物为伴，道法自然，爱护自然，地球才可能还我们一个美好家园，人类文明才可能延续下去。

中国传统文化所蕴含的独特精神气质和传统习惯早已成为中华民族无法抹去的文化血脉，是中华民族的“根”和“魂”，它像滔滔黄河，为中国特色社会主义文化的发展提供了丰厚滋养和不竭的精神动力。如果我们抛弃中华优秀文化传统，就等于割断了中华民族的精神命脉，丢掉了“根”和“魂”。所以，要培育和提升中国特色社会主义文化自信，就必须立足于中国传统文化，要在创新性发展的基础上，发挥好优秀传统文化的作用。

二、坚持中国传统文化自信的时代价值解析

文化自信是更基础、更广泛、更深厚的自信，是更基本、更深沉、更持久的力量。一个国家要想长远发展，必须做到居安思危。中国在百年奋斗历程中，取得了举世瞩目的伟大成就。但是，在新的征程中，西方国家存在将文化产品中隐含的价值观念大量输出的政治企图。面对西方意识形态的入侵，中国必须要立足自身，认清世界局势，以智慧取胜。中国人高度认同中国传统文化，增强民族自豪感。这有利于提升国家文化软实力，有利于为马克思主义中国

化提供精神支撑，有利于更好地为世界贡献中国力量。

（一）能提升国家的文化软实力，促进文化发展

对于一个国家而言，要在世界民族之林立足，除了硬实力，软实力也逐渐成为十分重要的关键因素。文化软实力在精神层面有着很强的凝聚作用，使国家形成一个向心力，把各民族紧紧团结起来，把中华儿女紧紧团结起来，极大地增强了中国人的自信心。中国传统文化是中华民族的突出优势，是我们最深厚的文化软实力。我国踏上了实现第二个百年奋斗目标的新征程，要面对的风险和挑战不断增加，必须深入挖掘中国传统文化中的生命力凝聚力因素，融入社会主义核心价值观，以丰富的文化资源获得支撑，促进人民的认同，将国家文化软实力予以夯实，才能促进文化发展。

（二）能为马克思主义中国化提供精神支持

马克思主义在中国能生根发展，并取得长久性发展，关键原因是马克思主义同中国的“两个结合”，马克思主义同中国具体实际相结合、同中国传统文化相结合，深刻地揭示了马克思主义在中国要扎根，必须坚持正确的路径选择，遵循内在的发展规律。

一方面，马克思主义进入中国，同中国传统文化相结合，积极吸收其精华，并在其基础上进行创新，使自身的发展得到了长久的保障。

另一方面，中国传统文化蕴含了朴素的唯物主义辩证法思想等，为马克思主义的发展提供文化基础，也是我国特色社会主义发展的文化底蕴。因此，必须毫不动摇坚持马克思主义的指导，积极对其进行创新，促进中国传统文化的正向发展。马克思主义作为文化自信的理论根据，其领导地位不容置疑和撼动。背离马克思主义，中国共产党领导的事业会遭遇重大危机。中国传统文化为马克思主义中国化搭建了文化载体，为马克思主义中国化的发展提供精神支撑。

（三）能更好地为世界贡献中国智慧

中国在奋力实现中国梦的征程中，综合国力不断增强，话语权不断提升，在处理国际事务中发挥关键的力量。中华民族能够在世界文化碰撞中占有一席之地，关键是以优秀的传统文化立国兴邦，使中华民族强盛。新时代，中国传统文化对于民族复兴、世界和平和人类命运共同体的发展都具有十分重要的意义。中华民族优秀传统文化强调讲仁义、守诚信、求大同、热爱和平、崇尚合作共赢理念，为解决人类问题提供了更多的思考方式，贡献了中国智慧和中国方案，向世界展现了一个不是霸权主义的，而是可爱、可信、可敬的中国形象。中国在抗击疫情中为其他国家提供了大量人力物力，贡献了中国力量，以实际行动践行了热爱和平、合作共赢的理念，中国真诚地期盼世界和平稳定发展。

三、弘扬中华文化铸就文化自信的实践路径

中国学是活着的学问，它不是僵化的、静止的、任人摆布的陈列品，它随着时代的变化而变化。在担负新的使命、面对新的问题的条件下要秉承创新发展的理念，为优秀传统文化切合时代主题探寻合理方法，为铸就文化自信探寻合理道路，为走好文化强国道路奠定根基。

(一)整合各种文化资源，形成国际视野

习近平总书记谈到如何科学对待传统文化的问题时指明，我们要善于把弘扬优秀传统文化和发展现实文化有机统一起来，紧密结合起来，在继承中发展，在发展中继承。弘扬优秀传统文化，铸就文化自信，并不意味着把传统文化置于最高位置，构建中国特色社会主义文化体系，树立文化自信的基点要立足于当前实际，整合各种文化资源，给予传统文化以准确的定位。

首先，理清新时代发扬中国传统文化同发展中国化马克思主义两者之间的密切联系十分关键，正是有了中国传统文化这片精神沃土，马克思主义才得以在中国落地生根。在两者有机互动的发展过程中，马克思主义内涵的客观真理为中国传统文化适应新时代文化建设的需要注入全新的活力。

其次，在对待舶来文化与中国传统文化的态度上，要坚持“以我为主，为我所用”的态度。自古中华文化就具有“择其善者而从之”的优秀文化基因，要展现中华文化强大的包容能力和生命力，充分彰显中华文化自身的内在优势，在

比较的过程中我们可以更理性、更科学地进行文化反思与展望,正确对待舶来文化,进而认识发扬中华文化独特优势,增强民族文化的自信心和自豪感。

最后,要整合地方传统优秀文化资源。几千年来,中华民族各个地区形成了有各自地方特色的传统文化,要加强对地方优秀传统文化资源的挖掘保护工作,促进各地文化积极交流互鉴,在这个过程中不断凝聚共识,在树立地方文化自信的基础上,共同树立中华民族的文化自信。要整合各种文化资源,在准确定位中华民族优秀传统文化科学地位的基础上,树立国际视野,将其推向国际社会。经过几千年的历史积淀,中华文化不仅具有厚重的文化底蕴,而且蕴含丰富的价值观念,在国际交往中要敢于亮出优秀文化以及价值观念,追求“求同”的目标和秉承“存异”的原则,为构建人类命运共同体寻找共同的价值承载点。

(二)从教育入手,构建完整教育体系

习近平总书记指出,教育是渗进血液、透入灵魂的,一定要从小就抓。弘扬优秀传统文化,铸就文化自信,教育是关键的路径。通过教育传承中华优秀文化是有其自身客观规律的,要积极探索适应不同阶段的教育方式,形成完整的中国传统文化教育体系。

首先,要实行分层次、分阶段的教学。要以不同学龄学生的认知能力差异为依据,匹配相应的教学内容以及教学方案,幼、小阶段教学重心在于启发心智;初中和高中阶段重在知识的累积;大学时期则注重培养学生树立正确的价值观,要将各个阶段连贯起来。要创新教学方式,将学生带出课堂,通过组织夏令营活动、传统节日纪念活动、传承优秀传统文化的教育实践活动等多种方式开展培训。从2018年起,教育部办公厅就开始评选“全国普通高校中华优秀文化传承基地”,这一评选活动对于中国传统文化有效地融入高校教育效果显著。在中华优秀文化传承基地建设过程中,学生切身感受到了中国传统文化内在的无限魅力与强大感召力。

其次,构筑完整的教育体系对于教师队伍也相应地提出要求。中国传统文化内涵丰富、形式多样。因此,对于优秀传统文化的传承不能和教历史画等号。针对优秀传统文化的教育实践,不仅要传授中国传统文化所具备的丰富多彩的“形”,更重要的是领会其深邃的“魂”,要注重培养学生继承其优秀价值观念和理论精华。教师在教学过程中也要践行、传承中华优秀的传统教育思想。教师要传承古人为人师表的气质和高尚的文人风骨,注重言传身教,知行合一,从“言”和“行”两方面真正影响学生。

最后,要特别注重教材建设。要从浩如烟海的传统文化经典中,摘选出最重要的精华,契合不同年龄段的学习要求,适应不同阶段学生的学习特点,帮助学生轻松地掌握知识,深刻体悟中华文化的博大精深,激发学习兴趣。针对不同的地区教材内容需有所侧重,对于少数民族地区要着力培养学生的历史、文化认同感,以养成对于中华民族大家庭的向心力为重点,树立中国传统文化的自信。

(三)实现宣传工作的创造性转化与创新性发展

在文化的延续与发扬的过程中,宣传工作扮演着关键的角色。弘扬中国传统文化,离不开宣传工作的创造性转化与创新性发展。

首先,要注重发挥高端文化的引领作用,要创作一批弘扬优秀传统文化的精英作品。习近平总书记指出,启迪人们必须有好作品。在中华文化五千年的发展进程中,每个历史时期的文学成就都在历史上留下了不可磨灭的印记,如楚辞、汉赋、唐诗、宋词、元曲、明清小说都是属于时代的文化烙印。新时代传承优秀传统文化、铸就文化自信也要留下经典作品,成就新时代的独属中国人的文化印记,增强文化自信的底气。

其次,弘扬优秀传统文化,要注重阐发百姓“日用而不觉”的优秀传统价值观念,开辟一条属于大众的通俗化的传统文化发展道路。通过人民群众喜闻乐见的方式,如影视剧、以传统文化为主题的电视节目、自媒体平台、优秀传统文化的通俗类读本等一系列方式渗透进人们的日常生活。通俗化不意味着低俗化,促进传统文化通俗化发展过程中不可失去本真,更不能为了迎合民众口味而脱离优秀传统文化的本源。优秀传统文化的发扬、宣传工作是一个持久性的主题，不是一段时间的热潮，需要随着实践的发展以及时代的变化不断创新方式，总结经验，科学对待。同时，优秀传统文化的发扬也需要与时俱进，要将优秀传统文化真正转化为推动时代发展的精神动力，铸就新时代的文化自信。

第三节 中国传统文化是实现中华民族伟大复兴的不竭动力

一、传统文化与中华民族伟大复兴的关系

（一）伟大复兴特指中华民族的传统文化

现阶段我国的文化内容和形式主要包括两种，一种是中华民族历史积淀和流传下来的传统文化，另一种是近代以来传入中国的各种各样的外来文化。相对传统文化而言，外来文化更多的是一种“舶来品”，它产生的背景和条件与当下中国的国情不相符合。并且，它仅仅只是传统文化的补充，无法发挥传统文化所具有的精神支撑以及凝聚力量的重大作用。

当下需要复兴的是能够为中华民族的伟大复兴贡献力量的传统文化。这类传统文化本就是民族的精粹，却在从传统到现代社会的转变中一度断裂。传统文化是一个内涵和形式都丰富的体系，并不是所有的思想都需要复兴，要采取辩证的态度。因此，复兴传统文化，是复兴与当代社会相适应的传统文化中的精华。

现在学界有着“文化中国”的提法，突出中国所特有的文化，强调在文化意义上看中国，这是很必要的。与这一提法相关的是文化自觉。费孝通指出：“我们大家在搞什么？心头冒出四个字文化自觉。这几个字也许正表达了当前思想界对经济全球化的反应，是世界各地多种文化接触中引起人类心态的迫切要求。”[①]因此，在费孝通强调的“文化自觉”中，这可能是最重要的：直面中国的现实回答中国的真实问题，而不能仅仅关心中国传统文献。除此之外，他

① 费孝通.美好社会与美美与共 费孝通对现时代的思考[M].上海：生活·读书·新知三联书店，2019：316.

还暗示了，必须在中国社会经济发展的前提下讨论中国文化的复兴、发展和贡献，必须考虑在世界学术竞争中发展中国的文化，因此很可能必须在社会科学的传统中继承、发展和表达中国的文化。这是另一种文化自觉。这与当下的社会密切相连，与重视传统文化与中华民族的伟大复兴的关系也相符。

(二)现代化的传统文化是中华民族伟大复兴的精神支撑

提到传统文化，首先是与过去的封建社会的特点相适应的。中国正处于社会主义社会实现现代化的关键阶段，这就不可避免地会牵扯传统文化现代化这一命题。当下，全社会都在积极地投入实现中华民族伟大复兴的工程中，现代化的传统文化是中华民族伟大复兴的精神保障。这是二者关系的最核心的部分。这个现代化包括传统的内容与形式与当下中国的社会状况相适应和协调。这与中华民族的伟大复兴中对传统文化发展的要求相一致。

在实现中国梦的道路上，既需要充足的物质积累，更需要精神保障，需要每一个人都付出努力。这种保障体现在：传统文化以其特有的凝聚力和广大群众对它的深切认同，潜移默化、深远持久地影响人们的思想与行为，让大家主动投入中国特色社会主义的建设中。除此之外，在进行建设中必然会出现问题和困难，自强不息、百折不挠的传统文化的精髓会鼓舞中华民族继续前行。

(三)中华民族的伟大复兴与传统文化复兴存在内在统一性

中华民族的伟大复兴为传统文化的复兴提供物质保障。复兴传统文化不是一句空谈的口号，需要切实有效的措施，而这些措施的提出和施行都必须有人力、物力和财力的投入。经济基础越雄厚，越能为传统文化的复兴提供强有力的物质保障和发展环境。在实现中国梦的过程中，社会生活的各个方面都在进行完善，形成建设中国特色社会主义的良好氛围，相应地也会促进传统文化的复兴和现代化。二者相互促进，共同发展。

二、中国传统文化是实现中华民族伟大复兴的重要力量的体现

中国传统文化是我们最深厚的文化软实力，也是中国特色社会主义植根的文化沃土。继承和发扬好中国传统文化，实现优秀传统文化的创造性转化

和创新性发展，为民族复兴凝聚力量、积蓄活力发挥重要作用。

（一）匹夫有责的担当精神为民族复兴凝聚力量

马克思在创立历史唯物主义的过程中，把历史活动看成是人民群众的事业，是人民群众在社会实践中创造了丰富的物质资料和社会财富，成为物质资料生产的主体力量和社会发展的推动力量。这也印证了历史是由千百万人民创造的，社会历史的发展离不开个体的参与和贡献，和中华文化中匹夫有责的担当精神高度契合。

以儒家思想为核心的中国传统文化，倡导经世致用的入世思想，把关心时事和民族安危作为治国平天下的理想抱负，对后来的文人志士产生了深远影响。范仲淹不论居庙堂之高还是处江湖之远，总能够"先天下之忧而忧，后天下之乐而乐"。元代张养浩发出"兴，百姓苦；亡，百姓苦"的感叹，由此可以看出，不论是朝代的更替，还是社会的兴衰，都与普通百姓息息相关。自明末清初以来，"保天下，匹夫之贱，与有责焉"的思想得到了进一步传播。1840年以后，在中华民族危亡之际，救亡图存成为每一个中国人的责任，正是千百万人民抛头颅、洒热血，团结一致，为新中国的成立凝聚起了强大的力量，为民族复兴创造了前提。

中国传统文化中高度自觉的担当精神，是民族复兴的精神支柱。在漫长的历史进程中，中华民族历经曲折，即使在列强侵略，面临亡国危机之际，都能够战胜困难，屹立于世界的东方，无不得益于匹夫有责的民族精神凝聚起的磅礴力量。

（二）自我革新的创新精神为民族复兴积蓄活力

近代以前，中国传统文化未曾遭遇过其他文化的严重挑战，且中华文化的主体地位更没有面临过被取代甚至被消灭的威胁。19世纪中后期，随着中国国力的衰落，在列强的入侵下，西方文化涌入中国，对中华文化的地位构成了严重威胁。

1.传统文化的裂变

面对外来先进文化，中国传统文化何以自救，成为近代以来各个时期必须面对的问题。其中，部分有识之士摆脱守旧顽固派“彼有枪炮，我有仁义”的盲目心理和文化排外主义，探寻并学习西方先进文化之道，但终究未能摆脱“中体西用”的思想束缚。清末新政时期，一些留学海外的爱国人士，提出“开民智”的主张，以“改造国民性”来批判传统文化。最激进的当属新文化运动时期，深受传统文化熏陶的中国文人，成为抨击传统文化的主体。胡适主张全盘西化，并直言因为传统文化的桎梏，“中国不亡，世无天理”。陈独秀以《新青年》为舆论阵地，提出了著名的“三戒”，鲁迅喊出了著名的“六个踏倒”，传统文化被贬得一无是处。钱玄同要“将中国的一切书籍束之高阁”，傅斯年说“极端地崇外未尝不可”。由此，传统文化遭遇了有史以来最严峻的危机。

2.传统文化的新生

十月革命后，马克思主义传入中国，为中华民族的救亡图存、思想解放注入了新的活力。1921年中国共产党的成立，进一步促进了马克思主义的传播。但是，马克思主义作为外来文化，在早期的传播中受众并不多，这就无法提升马克思主义的影响力，也无法提升中国共产党在人民心中的地位。经过早期中国共产党人的上下求索，尤其是在新民主主义革命时期，以毛泽东同志为主要代表的中国共产党人，把马克思主义与中国实际相结合，与中国传统文化相结合，在相互融合的过程中创造了革命文化，为中国传统文化的新生带来了希望。

中国共产党代表中国先进文化的前进方向，既有深厚的历史渊源，也有深刻的现实基础，正是由于中国共产党把马克思主义与中国实际相结合，使得传统文化在传承中实现了创新，在创新中实现了超越。

(三)天下大同的美好愿景为民族复兴铺垫希望

春秋时期，孔子提出“不患寡而患不均，不患贫而患不安”的思想，表达了对社会公平的期待。汉末，黄巾军以“苍天已死，黄天当立。岁在甲子，天下大吉”的口号，发动了反抗封建统治者的斗争，表达了对追求美好社会的一种自我抗争；《水浒传》对“替天行道”的梁山好汉进行了精彩的描述，是对社会公平的一种执着追求；亦有清末主张有田同耕，有饭同食，有钱同使，无处不均匀，无人不饱暖的太平天国运动；同盟会提出的平均地权。这些耳熟能详的思想观点和历史事件，不论是对社会公平的追求，还是对和谐社会的向往，以及对自由社会的一种表达，都以深远持久的思想力度透过历史的时空，在民族复兴的道路上给人以源源不断的力量支撑。

历史是现实的基础，在中国历代思想家对社会公平与正义，自由与平等的追求中凝结成的思想精华，是中国人民对美好“大同社会”的夙愿表达，是中国人民集体心声的诉求。这种对美好生活的执着向往流淌在中国人民的血脉之中，内涵在中国传统文化的基因里，为中华民族的复兴奠定了深厚的思想基础。

三、中华民族的伟大复兴呼唤中国传统文化的再发展

面对现阶段中国传统文化的保护和弘扬中出现的种种问题，我们应该采取合理有效的措施，让中国传统文化的精髓代代相传。

（一）发扬中国传统文化的作用，以加深人们对它的认同

中国传统文化是在几千年的历史发展中由各个民族所共同创造和流传下来的，这其实就代表了中华儿女对它的认可和接受。在建设中国特色社会主义的历史新时期，更要发挥它的积极作用，加深对文化的认同。

这种认同作用，要靠国家来加以引导。在文化建设方面，国家一直是扮演着引导者的角色，制定大政方针，确定文化政策，引导舆论风向。中国传统文化的保护和弘扬任重而道远，并非一朝一夕就可以完成，所以，更需要国家来发挥作用。

这种认同作用，要靠社会来加以提倡。文化首先是在社会中加以形成和传播的，所有的文化活动也是在社会的大环境下开展的，社会可以说是文化的土壤，中国传统文化要在此汲取养分，茁壮成长。发挥社会的提倡作用，体现在可以形成良好的保护中国传统文化的社会风气，更好的凝聚精神力量，增强文化认同。

这种认同作用，要靠广大人民来加以践行。包含海外华侨、华人在内的人民群众是文化有力的传播者和践行者。不管是何种积极的文化政策，还是任何有

效的文化活动,没有广大群众的参与都无法正常地进行,人民群众才是发挥中国传统文化凝聚民族精神,增强认同作用的关键。因此,要积极推动人民群众发挥作用,做到国家、社会、公民的有机统一,共同推动中国传统文化的现代化。

(二)要对中国传统文化予以合理继承

中国传统文化适应的是过去的时代和国情,我们不能不加选择地全部应用到现代社会中来,这就需要对其持"扬弃"的态度,对其批判地继承和发展。

第一,要批判地继承中国传统文化。对中国传统文化要进行科学分析,取其精华、去其糟粕,而不能采取全盘接受或者全盘抛弃的绝对主义态度。

第二,对中国传统文化的批判继承要讲究方法。传承中华文化,绝不是简单复古,也不是盲目排外,而是古为今用、洋为中用,辩证取舍、推陈出新,摒弃消极因素,继承积极思想,"以古人之规矩,开自己之生面",实现中华文化的创造性转化和创新性发展。

(三)结合现阶段的国情,实现中国传统文化自身的发展

简言之,就是实现中国传统文化的现代化。中国文化从传统走向现代的进程中,可以说是步履维艰。从近代以来,自从中西文化碰撞之后,我们的中国传统文化就受到冲击。原有的很多优秀的东西被遗忘和埋没,有些甚至直接受到了毁灭性的打击,恢复之路任重而道远。

在现在的中国,在赋予中国传统文化新的内涵的过程中,要吸取之前的经验和教训,以马克思主义中国化的理论成果为指导,实现中国传统文化的现代化。

中国人民的理想和奋斗,中国人民的价值取向和精神世界,始终深深植根于中国优秀传统文化沃土之中,同时又是随着历史和时代的前进而与日俱新。在举国上下为实现中华民族伟大复兴的中国梦而不断努力之时,应妥善处理好中国传统文化与之的深层次关系,发挥它在其中的重要作用,使中华民族的优秀的文化基因同当代中国文化相适应、同现代社会相协调,为实现中国梦而添砖加瓦、凝聚力量。

第四章 中国传统文化当代价值的实现

中华文明是世界古文明之一,是传承至今没有中断的伟大文明,中华民族五千年的历史孕育出中国优秀的传统文化。中国传统文化源远流长,有着独特的内涵和特征,在历经数千年的沧桑巨变中滋养着每一位中华儿女,中国传统文化对新时代文明社会发展也起到了巨大作用,具有当代价值。站在新时代的角度挖掘深植于民族深处的精神,对其进行创新性的运用,更好地与当代文化相通,实现中国传统文化的当代价值,促进中华民族的伟大发展。本章主要对中国传统文化当代价值实现相关的问题进行系统论述。

第一节 中国传统文化当代价值实现的机遇与挑战

一、中国传统文化当代价值实现的机遇

(一)外部环境良好

实现中国传统文化当代价值需要一定的外部环境,这既包括一定的国际环境,也包括一定的国内环境。目前,从国际看,和平与发展仍是时代的主题,中国处于相对和平的发展环境;从国内看,政治局势稳定,经济发展势头良好,综合国力不断增强,人民收入持续提高。这些良好的外部条件,为实现中国传统文化当代价值提供了难得的机遇。

第一,和平稳定的发展环境。近代以来,中国传统文化之所以受到一些人的质疑、批判,甚至某些人的抛弃、破坏,与国家发展环境的日益严峻密切相关。改革开放以来,和平与发展成为时代的主题。从外部说,中国基本上处于一个相对和平的外部发展环境,没有面临大的战争威胁;从内部说,中国国内政局稳定,经济社会持续发展。这种和平稳定的发展环境,使先前传统文化受

质疑、受批判的环境基础削弱了，人们能够比较平和理性地回顾和反思近代以来中国的历史进程，回顾和反思传统文化的历史功过和发展前途。可以说，目前中国和平稳定的发展环境，比较有利于中国传统文化的传承和弘扬。

第二，不断增强的综合国力。文化发展有内在规律，其中一个重要表现就是“趋炎附势”。所谓文化上的“趋炎附势”，是指文化往往易于“攀附”繁荣富强的国家。在中国古代，繁荣富强的时代往往文化上也比较繁荣，比如汉唐盛世。在西方，古希腊、古罗马强盛时期，文化繁荣发展、影响力大；但到衰亡时期，文化也随之衰弱。文艺复兴时期，文化比较繁荣的意大利、西班牙、英国等国家，也是当时世界上比较繁荣富强的国家。目前，世界上影响力较大的一些文化，如欧美文化、日韩文化，无不是繁荣富强的国家的文化。近代以来，中国贫穷落后，不仅中国传统文化式微，而且中国文化在世界上影响力也比较弱小。改革开放以来，中国逐渐走上繁荣富强的快车道。在这种情况下，我们的文化自信，特别是对中国传统文化的自信逐渐增强。在世界上，中华文化，特别是中国传统文化的影响力逐渐增大，孔子学院遍布全球，中国传统哲学、传统文艺等优秀文化走向世界，产生越来越大的影响。

第三，日益雄厚的物质基础。日益雄厚的物质基础，给中国传统文化的传承和弘扬提供了很好的物质条件。在国家层面，雄厚的物质基础可以使国家在中国传统文化的传承和弘扬方面，特别是优秀传统文化的发掘、整理、保护和宣传等方面，投入更多的人力物力。在个人层面，人们收入水平的提高，在满足衣食住行等物质需要的同时，有更多的财力投入精神消费领域。近年来，人们在文化旅游、影视、文学艺术等文化领域的消费越来越高，对中国传统文化的投入和消费也在随之增多。

(二)现实需求巨大

近代以来，在救亡图存的大背景下，我们掀起了学习西方、批判传统的热潮，中国传统文化面临着被抛弃、无用途的尴尬局面。改革开放以来，特别是进入21世纪以来，中国和世界的发展出现了许多新情况，产生了许多新问题，人们试图从历史和传统中寻求解决时代问题的经验和智慧，这就对中国传统文化产生了巨大的现实需求，也为中国传统文化提供了广阔的用武之地。

第一，人民群众具有巨大的文化需要。人民群众需要文化，特别是随着物质生活水平的提高，人们的文化需要也越来越强烈、越来越多元。在这种情况下，中国传统文化就有了广阔的用武之地，其优秀的文化资源有的可以直接满足人民群众的文化需要，有的可以通过创造性转化、创新性发展满足人民群众的文化需要。

第二，经济社会发展需要坚强的文化支撑。发展是世界各国共同的价值追求，是人类幸福的根本保障。当前，世界和中国都面临许多发展问题。从国内看，发展不平衡、不协调、不可持续的问题突出，生态环境恶化、贫富差距拉大、道德滑坡严重、腐败现象频发等问题影响着经济社会的持续健康发展。从国际上说，经济增长乏力、地区发展不均、局部战争不断、恐怖主义肆虐、生态环境恶化等问题严重威胁着人类的和平与发展。习近平指出，世界上伟大的哲学社会科学成果都是在回答和解决人与社会面临的重大问题中创造出来的。中国传统文化博大精深，包含着几千年来中华民族应对内忧外患、解决各种问题的理论与实践、经验与教训，其中的一些思想与智慧对于今天我们解决时代发展问题依然具有深刻启发。国内国际发展面临的突出问题，为中国传统文化提供了广阔用武之地。

（三）民意基础深厚

是否有民意基础，是一种传统文化能否传承下去的内在根据。中国传统文化几千年来不断传承发展，始终有着深厚的民意基础。当前，我国民众对中国传统文化表现出极大的热情和喜爱，这是我们实现中国传统文化当代价值的重要利好条件。

（四）文化政策保障

一种文化的命运，与国家的文化政策息息相关。历史上，秦朝实行“焚书坑儒”政策，使先秦文化遭到重大破坏；汉朝实行“罢黜百家，独尊儒术”（《董仲舒传》)政策,把儒家思想尊为占主导地位的意识形态;辛亥革命以后,儒家思想跌下神坛。改革开放以来,中国传统文化逐渐受到重视,国家先后出台了一些积极的文化政策。党的十八大以来,以习近平同志为核心的党中央高度重视中国传统文化当代价值,将其作为治国理政的重要战略资源来保护和运用。几年来,国家密集出台了一系列重要的、积极的文化政策,为实现中国传统文化当代价值提供了有利的政策支持。

二、中国传统文化当代价值实现的挑战

文化传承发展的机遇源自适宜的文化条件,与此对应,文化传承发展的挑战则源自适宜文化条件的缺失或破坏。历史上,中国传统文化面临的每次挑战,总是由所处文化条件的变化引起的。

(一)思想内容比较庞杂

中国传统文化思想内容极为丰富,既有精华,也有糟粕,甚至精糟杂糅、难以分辨。季羡林曾指出,文化精华和糟粕“这两个表面上看上去像是对立面的东西,不但不是泾渭分明,反而是界限不清;尤有甚者,在一定的条件下,双方可以相互向对立面转化”[1]。传统文化精华包含于传统文化之中,与传统文化糟粕混杂在一起难以画出清晰界线。这种情况,对实现中国传统文化当代价值造成了很大困难。

(二)错误文化态度的影响

中国传统文化包含于内容庞杂的传统文化之中,往往与传统文化糟粕混杂,导致人们对传统文化产生极为复杂的态度和观念。客观地说,人们对传统文化糟粕高度警惕无可非议,对传统文化本身冷静思考也无可非议。但在高度警惕和冷静思考两种态度和观念之外,还存在着一些错误的态度和观念,对中国传统文化的传承发展造成障碍。当前,对待传统文化主要有三种错误态度,即虚无主义、复古主义、功利主义。

① 季羡林.季羡林谈国学[M].杭州:浙江人民出版社,2016:97.

一是彻底否定的虚无主义态度。这种态度的表现是眼睛向“前”、否定传统，认为传统文化已经失去当代价值，并对中国的现代化起着负面的、阻碍的作用，必须全盘否定和彻底摒弃。

二是过度拔高的复古主义态度。这种态度的表现是眼睛向“后”、食古不化，特别是宣扬儒学的当代价值，甚至提出全面“儒化中国”，提倡把“儒教”当成“国教”。因此，解决这些问题必须用传统文化来解决。这种态度忽视了传统文化中的糟粕，特别是忽视了时代发展之后僵化地照搬传统文化，如“恢复古代礼制”“重建中国儒教”等做法已经严重违背了文明的发展规律。复古主义的态度表面上看来是肯定和弘扬中国传统文化，但把中国传统文化的价值抬高到它本身不具有的高度，赋予它无法承担的历史使命，只会适得其反，引起人们的警惕和厌恶，反而损坏了中国传统文化在当代的地位。

三是唯利是图的功利主义态度。这种态度的表现是向“钱”看，以古为利，打着弘扬传统文化的旗号，以赚钱营利为根本目的。在“传统文化热”和“国学热”的文化背景下，在文化产业蓬勃发展的经济势头下，一些人兴起了用中国传统文化赚钱的念头。传统文化产业化本来是一种很好地传承和弘扬中国传统文化的途径，但如果只求经济效益，不顾社会效益，功利地开发利用传统文化，就不仅不能实现中国传统文化当代价值，而且会损害它的形象，阻碍其价值的实现。

（三）传承方法比较僵硬

对于中国传统文化，传承方法在很大程度上决定传承效果。目前，由于中国传统文化本身庞杂思想内容的局限和一些错误态度观念的影响，也由于时代环境的变化，我们在传承和弘扬中国传统文化时，还存在大量僵化的传承方法，从而削弱了传承效果。

第一，食古不化的方法。中国传统文化具有时代性，它产生、形成、繁荣发展于中国古代，从经济土壤上说主要是一种农耕文化，从政治环境上说主要是一种封建文化。这种时代性，决定了我们今天传承和弘扬中国传统文化时，必须进行契合时代的改造和创新,而不能囫囵吞枣、食古不化。然而,近年来这种食古不化的传承现象屡见不鲜。

第二,歪曲丑化的方法。食古不化的方法当然不好,需要我们进行契合时代的改造和创新。但改造和创新不能变成歪曲和丑化。歪曲、丑化、恶搞杜甫、花木兰和《西游记》等传统文化符号,是对中国传统文化的破坏。此外,近年来热播的宫斗剧、穿越剧,其情节内容和价值导向往往与历史真实大相径庭,呈现出一种歪曲丑化的倾向。

传承发展中国传统文化,机遇难得,挑战严峻,机遇和挑战同时存在。同时,机遇和挑战也并非完全对立,在一定条件下可以相互转化。传承发展中国传统文化,不仅要善于抓住机遇、应对挑战,而且要善于因势利导,化挑战为机遇。

第二节 中国传统文化当代价值实现的经验与教训

一、中国传统文化当代价值实现的经验

中国传统文化在发展过程中,从简单质朴的文化样式发展为博大精深的文化体系,从黄河长江流域的中国文化发展为享誉全球的世界文化,历经许多曲折,也取得了辉煌成就。在这一过程中,中国历代先祖传承发展中国传统文化的成功经验值得今人认真总结和借鉴。

(一)注重传统和文脉

在世界文化史上,有的传统文化绵延不绝,有的传统文化中断消亡,大多与其是否得到尊重和坚守有关。没有后人态度上的尊重和行动上的坚守,传统文化就难以传承。中华文化几千年来绵延不绝、生生不息,是中华民族始终尊重传统和坚守文脉的结果。中国古代对传统文化的尊重和坚守方面,有以下成功经验:

1. 重视传统文化教育

中华民族自古重视传统文化教育。孟子说:"夏曰校,殷曰序,周曰庠,学则三代共之,皆所以明人伦也。"(《孟子·滕文公上》)从夏商周时代起,我国

就有国家学校“学”和地方学校“校”“序”“庠”等，用以教育民众，达到“明人伦”的目的。春秋时期，孔子收徒讲学，私学开始盛行。秦汉以来，政府设有太学、国子监，民间设有私塾、书院。但不论官学还是私学，不论政府开办的学校还是民间开办的学校，传统文化总是作为教学的主要内容。据记载，周的官学教授“六艺”，即礼、乐、射、御、书、数。礼是周公创制的古礼，乐是流传下来的古乐，都是传统文化。孔子收徒讲学，传授“六经”，即《诗》《书》《礼》《易》《乐》《春秋》。孔子曰：“不学诗，无以言。”“不学礼，无以立。”（《论语·季氏》）可见对传统文化的教育非常重视。汉武帝“独尊儒术”，在长安建“太学”，设五经博士，专门讲授儒家的五种经典《诗》《书》《礼》《易》《春秋》。魏晋以来，历代政府或设太学，或设国子监，均把儒家经典作为主要教学内容。除了政府教育机构，我国古代民间还盛行私塾，以《三字经》《百家姓》《千家诗》《千字文》《弟子规》“四书五经”等为主要教学内容。中国古代在教育上对传统文化的尊重和坚守，使传统文化，特别是优秀传统文化得到长久的传承和弘扬。

2.热衷传统文化经典的编纂

古代文化传播手段有限，传统文化容易丢失或消亡。中国历史上经过多次文化劫难，有些文化作品甚至永久消亡。但中华文化能够传承不绝，与古人重视和热衷于编纂文化经典密不可分。

一是史书的编纂。中国从先秦开始就注重编纂历史书籍，产生了《春秋》《左传》《国语》等优秀史书。汉代司马迁编纂《史记》，班固编纂《汉书》，形成了良好的国史编纂传统。这些优秀史书，使传统文化得到很好的保存和传承。

二是文集的编纂。中国古代注重编纂文集，从《诗经》《楚辞》开始，各种经典文集层出不穷。这既包括《论语》《孟子》《老子》《庄子》《墨子》《韩非子》等先秦诸子的文集，也包括秦汉以来文化大家们的各种文集，如《陶渊明集》《李太白集》《杜工部集》等。另外，还有《全唐诗》《全宋词》《唐诗三百首》《宋词三百首》《元曲三百首》《古文观止》等经典文集，在后世流传极广。

三是丛书的编纂。中国古代统治者注重大型丛书的编纂,《昭明文选》《永乐大典》《四库全书》是其中的代表作。这种政府编纂的大型丛书,对民族传统文化的传承极为重要。

(二)注重争鸣和交融

文化作为由诸多文化要素有机构成的系统,其活力源于系统内部诸要素之间、系统与系统之间的矛盾运动。文化只有始终存在这种活跃的矛盾运动,才能保持长久的生命力和创新力。这种矛盾运动既表现为文化争鸣,即文化上对立的一面;又表现为文化交融,即文化上统一的一面。一种文化就是在不断地争鸣与交融中,保持着向前发展的动力和活力。中华文化几千年来生生不息,始终保持生机活力,正是由于传统文化的广泛争鸣与深度交融。

1.广泛的文化争鸣

所谓文化争鸣,是指文化上的差异和对立。在中华文化发展史上,文化争鸣是广泛而持久的。

一是内外文化争鸣。中华文化从古至今,经历一个由小到大、由弱到强的过程。在这个过程中,中华文化内部系统与外部文化系统不断争鸣,在争鸣中逐渐发展壮大。最初,中华文化主要繁荣于黄河两岸的中原地区,在与周边其他民族和地区文化的争鸣中不断扩大影响。随着中华民族疆域的扩大和世界文化交流的推进,中华文化与世界其他文化,特别是印度文化、伊斯兰文化和西方文化也发生了广泛争鸣。

二是古今文化争鸣。中华文化发展过程中,还一直进行着古今争鸣。中华民族自强不息的精神和革故鼎新的理念,决定了文化上必然发生古今争鸣。在思想领域,孔子的儒家思想产生以后,后起的墨子、庄子、韩非子等思想家对孔子儒家思想进行了猛烈批判。在儒家思想内部,孔子之后,孟子、荀子、董仲舒、朱熹、王阳明等思想家也对儒家思想进行了不同于前人的阐释。在文学领域,唐诗、宋词、元曲、明清小说等文学样式先后出现,产生了许多优秀作品。通过文化上的广泛争鸣,传统文化始终保持着发展的活力。

2.深度的文化交融

所谓文化交融,是指文化上的融合和统一。文化争鸣是文化“异”的一面,文化交融是文化“同”的一面。文化争鸣的过程,往往也是文化的交融过程。

一是内外文化交融。中华文化发展的过程,也是中华文化内部系统与外部文化系统不断深度融合的过程。

汉代佛教传入中国,魏晋南北朝之际,北方少数民族文化大量传入中国,与中原地区的华夏文化产生激烈碰撞和融合。内外文化的深度交融,给中华文化输入了新鲜血液。

二是古今文化交融。文化上的古今交融,表现为历史上一些时期文化上融合古今的现象。以古代文学为例,虽然一个时代有一个时代的文学,但后人的文学创作经常自觉地融合古今,纠正时弊,创造出新的文学作品。唐诗、宋词、元曲、明清小说,每一代新的文学形式,都表现出融合古今的情况。

文化争鸣与文化交融相互促进,文化争鸣使不同文化显示优劣和高下,为文化交融提供前提;文化交融使不同文化相互吸收精华,为文化争鸣提供保障。中华文化发展过程中,文化争鸣使传统文化系统始终保持发展的张力。文化交融则经常给传统文化系统输入来自外部的、时代的新鲜血液,使传统文化经常以新的面貌获得发展。文化争鸣与文化交融共同使传统文化保持生机活力。

(三)注重继承和创新

文化继承,侧重于“继”,是把传统文化特别是把优秀传统文化“继”下来、“传”下去。文化创新,侧重于“新”,是通过对传统文化的创新发展,使传统文化以“新”面貌“传”下去。文化继承和文化创新是相辅相成的,没有文化继承,文化创新就缺少根本和源泉;没有文化创新,文化继承就失去生机和活力。

1.继承传统文化

传统文化需要继承,是因为传统文化中一些核心内容,是该文化系统的基因和标志,如果改变或丢弃,这种文化就会发生性质变化,甚至面临中断消亡的危险。中华文化在发展过程中,非常注重文化继承,特别是对传统文化中的核心内容，注重尽量保持原样地继承。

不仅在文化典籍方面，中华民族对传统文化中的民族精神、治国理念、传统美德、文学艺术、历史经验、思维方式、语言文字、民俗节日、饮食服饰等方面，都注重进行一以贯之的继承。例如，热爱祖国、自强不息等民族精神，“民为贵”“为政以德”等治国理念，仁爱、诚信等传统美德，春节、端午、中秋等民族节日，这些都被很好地继承下来。传统文化的继承，不仅使中华文化绵延不绝，还给中华民族带来深厚的文化营养和持久的文化动力。

2. 创新传统文化

与文化继承相结合，文化创新也是传统文化持续传承的重要方式。在传统文化传承过程中，完全保持原样的继承几乎是不可能的。传统文化需要创新，因为时代一直在“变”，文化必须因时而变、推陈出新，否则就难以为继。

总结来说，传统文化的传承，首先，需要后人对传统文化的尊重和坚守，通过态度上的尊重和行动上的坚守，使传统文化绵延不绝。其次，也需要人们在传承传统文化过程中，注重文化的争鸣和交融，保持传统文化的生机活力。最后，人们只有既注重继承，也注重创新，两者有机结合，才能使传统文化得到持续传承。

二、中国传统文化当代价值实现的教训

（一）文化结构存在失衡现象

从文化系统性角度看，一种文化是由诸多文化要素组合而成的文化系统。在一个文化系统中，文化要素有主次之分，如果主次文化要素地位恰当、组合合理，文化就有活力；反之，就会导致文化结构失衡，进而导致文化失去活力。文化结构失衡，有时是因为文化独尊，过于强调主导文化要素，而损害其他文化要素；有时则是因为文化迷失，主导文化要素地位丧失，从而丧失文化的根本和灵魂。这两种情况，都会造成传统文化传承的严重问题。

1. 文化独尊

在一定历史时期，确定一种稳定的主导文化，既利于社会发展，也利于文

化发展。但这种主导文化的确立,不应以排斥其他文化为基础。文化上的独尊,乃至文化上的专制,往往会对文化的发展造成严重伤害。在中国历史上,出现过文化独尊,甚至文化专制的现象。

在中国历史上,文化的发展呈现这样一种现象,即主导文化被恰当定位的时候,文化比较繁荣,如先秦文化和唐宋文化;主导文化被过度强调的时候,文化发展比较缓慢,如秦代文化和明清文化。总之,中国历史上文化独尊乃至文化专制造成的文化伤害是巨大的。

2. 文化迷失

在相当长时间内,中华文化以儒家思想为主导,主导文化与多元文化相得益彰,文化上取得了巨大成就。但也有一个历史现象值得注意,就是当儒家思想的主导地位受到猛烈冲击和严重削弱时,中华文化的发展也会出现动荡,甚至出现文化迷失现象。文化迷失是文化失去根本和灵魂的现象,不利于文化的发展。

文化独尊和文化迷失,是文化结构失衡的两个极端。前者过度强调主导文化地位,窒息了多元文化的发展,最终也伤害了主导文化自身。后者削弱否定主导文化地位,使多元文化发展失去根本和灵魂,从而对文化造成伤害。中华文化史上的文化独尊和文化迷失现象,给我们传承传统文化以深刻的教训。

(二)文化关系存在失当问题

文化既有时代性,又有民族性。因此,不同文化之间既存在古今关系,即传统与时代的关系;又存在内外关系,即本来与外来的关系。传统文化既是一种"古"文化,也是一种"内"文化,传承传统文化必然要处理文化的古今关系和内外关系。这两种关系处理得当,文化就能发展;反之,文化就会落后。在中国文化史上,文化保守和文化排外,往往会导致文化的落后。

1. 文化保守

对传统文化的尊重与坚守,是中华文脉连绵不绝的重要原因。但在处理传统与时代的关系时,如果过分强调传统、忽略时代,在文化上过于保守,就容易造成文化的落后。中国历史上出现过多次大的古今之争,而当文化保守派抱残守缺、顽固守旧时,就会阻碍文化的进步和社会的进步。

2. 文化排外

从起源看,中华文化是中原华夏文化和周边各民族文化,乃至世界其他文化长期争鸣交融的产物。但在相当长的时间里,华夏文化处于领先和主导地位。华夏民族对自身文化非常自信。鸦片战争之后,西方用武力打开中国大门,西方文化再次传入中国。中国知识阶层的许多人仍不识时务、盲目排外,阻挠“师夷长技以制夷”的洋务运动,阻挠“救亡图存”的戊戌变法,使中国的近代化步伐极为艰难。历史证明,这种文化排外不仅没有使传统文化得到很好的传承和弘扬,反而使传统文化更加落后和僵化。

古今之争是文化时代性的争论,夷夏之辨是文化民族性的争论,但这两者又经常交织在一起。例如,在近代文化争论中,中国自身的传统文化既是一种“古”文化,也是一种“夏”文化;而西方文化既是一种“今”文化,也是一种“夷”文化。因此,在中国近代,传统文化与西方文化的冲突,既是“古今之争”,也是“夷夏之辨”。但不管怎样,在文化“古今之争”和“夷夏之辨”的区分中,极端保守和盲目排外的偏见,必然会造成文化的落后。

(三)文化定位存在失度问题

文化独尊或文化迷失,文化保守或文化排外,反映了人们对传统文化作用的定位失度。毋庸置疑,传统文化有其正面作用,也有其负面危害,但对其作用和危害都应理性认识、恰当定位,如果定位失度,就会产生文化走极端的倾向。如果过度夸大传统文化的作用,就会产生厚古薄今、盲目排外的倾向;相反,如果过度贬低传统文化的作用,就会滑向厚今薄古、崇洋媚外的极端。同样,对传统文化危害的定位失度,同样会对传统文化造成破坏。

1. 传统文化作用的定位失度

传统文化有重要作用,这是毫无疑问的,也是被历史反复证明的。但传统文化到底有多大作用,却时常成为人们争论的焦点,而夸大或贬低传统文化作用的情况时有发生。特别是近代以来，在古今文化、中西文化的冲突中，这种失度表现得尤其明显。夸大或贬低的失度，往往造成对传统文化的破坏。

2.传统文化危害的定位失度

明清以来，传统文化阻碍社会进步，产生巨大危害，这是毋庸置疑的。但对传统文化的危害如何定位，近代以来也出现了不小的偏差。夸大危害的有之，忽视危害的亦有之，这两种倾向都对传统文化造成了破坏。

第三节 中国传统文化当代价值实现的路径

一、树立科学的态度

（一）取其精华，去其糟粕

毛泽东同志提倡批判继承法，即“取其精华，去其糟粕”。我国传统文化也不例外，既存在精华，也存在糟粕。事实上，我们可以从两个角度看待精华与糟粕。就实体性而言，经过几千年的历史发展，我国形成了丰富的具有客观性的传统文化，纵观其内容，既包含了优秀文化，同时也存在不好的文化，而我们作为中国传统文化的继承者，就应该批判性继承，发扬优秀传统文化，摒弃糟粕。就价值性而言，从现代社会的标准入手，传统文化中的精华就是指能够推动社会发展、提升国民修养的文化，而阻碍社会发展的文化则是文化中的糟粕。唯有以现实主体为依据，才能对传统文化进行合理的划分。对精华与糟粕进行明确划分，充分考虑传统文化所产生的现实意义，并以此为基础，判断继承或者摒弃，进而推动社会发展。

（二）推陈出新，革故鼎新

所谓“新”，就是指在批判地继承旧文化、汲取其精华、摒弃其糟粕的基础上，与时代要求相适应，创造新的文化。可以说，“取其精华，除其糟粕”，是指在传统文化中，如何从历史中挑选出正确的一部分，也就是“择其善者而从之”（《论语·述而》。在当前创新的大背景下，推陈出新是时代发展的新需求，也是我们需要重视的方面。

这实际上是为中国传统文化确立了一个当代的任务，它需要在继承的基础上，把中国的传统与时代的优秀文化有机地融合在一起，以使传统文化在现代社会中焕发出勃勃生机，让当代的人们更好地受到这种精神的影响，这就是我们对待中国传统文化的正确态度。

(三)包容并蓄，洋为中用

传统文化具有兼容并蓄的特征，能够以海纳百川的方式保留自身的文化特征，同时也能吸纳和学习外国的文化。在当今世界经济一体化的背景下，传统文化必然要受到外来文化的冲击与影响。现代中国的救亡运动表明，完全依靠外来文化会与中国的特定国情背道而驰；另一方面，要防止“夜郎自大”的文化保守，要合理地吸收其他国家的优秀文化，并将其与本国的国情结合起来，形成自己的文化。有一点值得提出来，就是要在引进“拿来主义”的同时，还要积极地推进文化“走出去”。

二、注重马克思主义与传统文化的融合

对传统文化进行现代性调适，实现创造性转化和创新性发展，目的是要服务于建设和发展中国特色社会主义的实践。马克思主义与中国传统文化相融合不仅是可能的，而且不断产生新的结合形式，在马克思主义中国化的当代进程中形成了中国特色社会主义理论体系。

首先，马克思主义和中国传统文化都是具有开放性和包容性的文化形态，存在融通和契合的可能。“中国古典哲学中有许多思想观念与马克思主义有相通互近之处。中国哲学中有一个唯物主义的传统，又富有辩证思维，这与马克思主义辩证唯物论有相互契合之处，这是应该深入理解的。”[①]中国革命和建设过程中形成“实事求是”的思想路线、“小康社会”的中国式现代化概念、“以人为本”的科学发展观和“和谐社会”理念等，都是中国共产党从传统文化中汲取合理成分形成的中国化马克思主义成果。

① 张岱年.张岱年全集(第7卷)[M].石家庄:河北人民出版社,1996:159.

其次,中国特色社会主义的“中国特色”需要从中国传统文化中汲取形成“特色”的文化基因。习近平在国内外不同场合中,都强调传统文化对形成“中国特色”的作用,认为中国特色社会主义必须植根于中华文化的沃土,同时反映中国人民的意愿,适应中国和时代发展进步要求。只有这样,才能说明中国特色社会主义是有着深厚历史渊源和广泛现实基础的。

最后,中国特色社会主义理论体系在价值形态上表现为社会主义核心价值观,而传统文化为社会主义核心价值观提供了丰富的思想资源。对当代中国来说,能体现社会主义核心价值观的精神追求和价值标准必须综合考虑多方面因素:它不仅要能体现社会主义本质要求,还要能吸收世界文明有益成果;不仅要体现时代精神,也要继承历史文化。历史文化是构成社会主义核心价值观的重要组成部分,培育和弘扬社会主义核心价值观必须立足中国传统文化。牢固的核心价值观,都有其固定的根本。抛弃传统、丢掉根本,就等于割断了自己的精神命脉。博大精深的中国传统文化是我们在世界文化激荡中站稳脚跟的根基。

三、注重宣传教育

(一)加强学术引领

中国传统文化博大精深、源远流长,首先应该致力于保护传统文化,如对现存的经典文本、历史文化遗址、传统节日、传统习俗等进行保护并挖掘其深层含义。在此基础之上,虽然我国现在有不少学者从各个方面来研究传统文化,但总的来说对传统文化的理论研究还是不够丰富,所以应该进一步挖掘传统文化的优秀资源,丰富传统文化理论研究。具体来讲,国家可以加大对中国传统文化课题研究的财政支持力度,鼓励学者对传统文化的理论探讨,加强传统文化的理论研究,不能流于表面意义、毫无实质用处地炒作“传统文化热”。要的不是作秀式的热爱而是脚踏实地的学习,只有通过对传统文化进行深入的研究体会到传统文化的重大魅力,感受到传统文化的当代价值,才能真正爱上传统文化,从而成为其忠实的爱好者和自觉的传播者,这才是“中国传统文化热”。

人才是传统文化发展的核心所在。我国要着重培养传统文化的相关人才,对现有人才进行整合,完善人才激励机制,拓宽人才选拔途径,建立规范的人才流动管理机制,创造优秀人才脱颖而出的环境,增强传统文化理论研究的人才力量。

(二)营造舆论氛围

首先,大力发展传统文化产业,让传统文化渗透到生活的方方面面。我国要充分挖掘并发挥传统文化在当今社会新的时代价值,带动传统文化产业化发展。政府要加大对传统文化产业的宣传和引导,突出各项传统文化的精髓。从传统节日层面来说,在庆祝各项传统节日的时候要突出节日的特点。各产商把中国传统文化和市场经济结合起来,使传统文化产生巨大的经济价值,走特色品牌经营模式,根据“人无我有”的理念打造自己的民族特色品牌,与此同时推动传统文化“走出去”步伐,不断提高文化产业化走向国际市场。[①]

其次,运用好大众传媒的作用。可以利用各种媒介,对于与人们日常生活关联密切的传统习俗、传统礼节等,运用文化潜移默化的特征,发挥大众传媒的宣传引导作用,让民众多接触优秀传统文化,就是一种很好地传承方式。此外,还可以通过网络、微信等平台,多开发一些传统文化的相关软件并对公众进行开放,各新闻媒体也要多报道涉及传统文化的新闻事件。

最后,民众要积极做优秀传统文化的传承者。西方文化随着全球化和改革开放的浪潮涌入我国,影响着我国人民的生活,冲击着传统的民族观念。从西方节日层面来说,圣诞节、情人节等传入我国,冲击着我国的传统节日,现在很多人不过中国本土节日,反而特别崇尚外国节日,这是不正确的。广大人民应该自觉做到传承传统节日、传统文化,虽然社会形态已经发生了变化,但很多传统节日文化和现代生活并不冲突,相反是一种有益的补充,我国可以把传统节日习俗与现代生活相结合,保留传统节日基本精神,创新传统节日文化形式,进而增强民族文化认同感。

---

① 唐林林.中国传统文化的当代价值研究[D].南昌:江西师范大学,2016.

第五章 中国传统文化在现代艺术设计中的应用

中华民族传统文化博大精深，是历史留给我们的宝贵财富，饱含着民族智慧。现代设计是一种商业行为，是一种向社会提供服务的方式，也是一种文化创造及文化延续的手段。在进行设计时，设计师只有汲取传统文化因素，才能充分展现出作品的文化内涵，使得作品与现代受众的审美观念更加契合。

第一节 现代艺术设计概述

一、设计的内涵

设计由“设”“计”两字复合而成。设者，有设置、陈设之意，《国策·秦策一》：“张乐设饮，郊迎三十里。”杜甫《剑门》诗：“惟天有设险，剑门天下壮。”亦指所摆置的东西。计者，有计划、计谋、策略之意。《汉书·高帝纪上》：“汉王从其计。”《韩非子·存韩》：“计者，所以定事也，不可不察也。”《现代汉语词典》将设计一词解释为：“在正式做某项工作之前，根据一定的目的要求，预先制定方法、图样等。”

设计对应的英文为“design”，不同的时期，“design”含义有所不同。文艺复兴时期，“design”只被认为是人理智上的、内心想象的，建于理念之上的视觉表现和分类。到18世纪后期，《大不列颠百科全书》对“design”的解释是：“艺术作品的线条、形状，在比例、动态和审美方面的协调。”而到了工业化时代，设计终于从艺术化氛围里走出来，成为现代意义上的设计。

二、现代设计的含义

现代设计是在设计含义的基础上，增加了时间的限定。关于“现代”一词，一般以18世纪60年代开始的工业革命为标志，主要指工业化以后的两个历史时期。第一个是指两次世界大战期间，西方国家出现以流水线为代表的经济高速发展，尤其是20世纪20年代形成了以柏林为中心的科学艺术繁荣时代。第二个时期指20世纪50年代后期到60年代后期西方的经济繁荣和美国式的消费时代。这两个历史时期被称为现代时代。

随着工业革命所带来的巨大变革，传统的手工艺设计形式和观念也随之发生变化，现代设计作为工业革命的附属品正式登上历史舞台，但它相对于工业革命明显地有一定滞后期。现代设计中的“现代”时间起点，在普遍的现代设计史书籍中都定位于19世纪中叶的工艺美术运动。自此，现代设计拉开了序幕。

三、现代设计的原则

现代设计随着历史的进步逐渐发展成型。在西方工业革命浪潮的推动下，人类制造热情的高涨引发了对设计本质、含义、范畴和任务的积极思考，由此才逐步产生了独立的设计的概念。大量的设计实践为设计学科的发展提供实际条件，升华对设计本质的认识，并促进人民对设计规律的总结。

（一）多元化原则

随着工业化社会的日趋成熟和信息革命的爆发，现代设计的内涵快速扩大，同时与自然科学、社会科学等多领域的研究成果融合，设计学涵盖的领域更加丰富多元。现代设计学不仅仅局限于早期的工业设计，而且发展到涉及产品设计方面、视觉传达设计方面、环境设计方面等众多领域，深入影响着多领域行业的发展，且多元的需求也刺激设计本身发展更加成熟、全面。现代设计的手法不可能以偏概全，要结合不同领域设计成果的生产技术、使用需求，调整扩大现代设计的内涵。

合理的设计过程应协调好设计对象、设计所在环境、设计者三方面的关系，从而创造“价值”的最大化。设计的“价值”体现在多元方面，一般从实用价值和附加价值两个层次理解。实用价值一般是指通过设计的事物在使用过程中反映的固有的价值。其本身也包含着时间价值、信息价值、消费价值、资源价值等，多渠道、不同程度地影响着设计事物的使用价值。附加价值是指设计事物对其本身以外其他方面的效益。在现代设计过程中，这一部分的价值逐渐被理解重视，包括品牌价值、服务价值、美学价值、社会价值、文化价值、生态环境价值等。“美”是设计超越实用功能的精神创造，而文化、生态更为设计赋予了灵魂。

(二)人性化原则

人始终是设计的主体，处于核心地位。现代设计正是在不断践行这一设计信条的过程中得以发展。人性化指的是一种理念，满足美观的同时，更加关注“人”的因素。根据人的生活习惯、操作习惯，本着人本的思想，方便人们的使用，满足人们的功能诉求及心理需求。

1919年成立的包豪斯“国际主义风格”的设计席卷世界的每一个角落，主张设计为大众服务，更注重功能和简约的形式，设计体现的实用、经济也是为了方便人们的使用。20世纪中叶兴起的后现代主义主张设计将“人”的因素注入设计之中，将设计还给大众。如今，设计更加注重对人的全面性关注，人性化的设计理念及设计实践逐步成熟，主要体现在三个方面：

(1)人体工程学迅速发展成为人性化设计的科学基础

本着“以人为本”的原则，从人最基本的感官功能考虑，包括视觉、听觉、嗅觉、触觉等，设计出最为符合人心理及行为习惯的产品。

(2)关怀弱势群体的人性化设计

20世纪初，建筑学界产生了一种新的建筑设计方法——无障碍设计。实践于环境空间及建筑公共场所中，为广大残疾人及行动不便的少数人群提供便捷、舒适的交通功能，进而创造一个平等、参与的环境。

(3)设计体现出更多的人文精神

人的需求是多方面的,满足基本物质功能需求以后,设计要更多地关心深层次的心理满足和人文关怀。设计的人文精神就是要顾及不同人的文化背景和精神欲求,为人们提供一个富有人情味的设计产品。这也将是今后设计发展的主流。

(三)功能化原则

设计对象作为“产品”,本质上离不开使用物品的功能特性。设计的第一要素就是功能,各种功能价值的体现是设计追求的第一要务。从本质上来说,设计的产品都是通过设计赋予或者加强其某种属性,从而满足使用者的使用需求。而产品的功能往往决定着设计的形式构成和功能安排的决定性基本需求。根本上来说,人们所利用的是设计对象的功能。所以,设计以功能为本是最基本的设计原则。

“形式追随功能”是芝加哥学派的现代主义建筑大师路易斯·沙里文的一句名言。20世纪初期,美国建筑业在设计理论及实践上一枝独秀,本着功能主义的原则,带动了整个设计行业的突飞猛进。直到今日,沙利文的观点依然是美国现代设计的基本原则。20世纪20年代,现代主义设计派别成型,其最为重要的理念便是功能主义。在设计中首先注重产品的功能性与实用性,即任何设计都必须保障产品功能及其用途的充分体现,其次才是产品的审美感觉。这是对设计对象功能特性的充分认识和肯定。

四、现代艺术设计与传统文化之间的关系

(一)现代艺术设计以传统文化为根基

中国的传统文化经过了漫长的历史沉淀,拥有强大的生命力,是因为其文化符号是形式与内涵的完美结合。“中国传统元素”是中国式的图像化或者符号化的东西,包括传统图形、纹样,造型器具等,如中国水墨画的抒情与意蕴;京剧脸谱的夸张与变形;中国书法的挥洒与气势;木刻年画的古朴与单纯;剪纸、皮影的简约与抽象;青铜器纹样的华丽与神秘等以及一些流传广泛的典故、成语……这些都是中华民族先祖们历经几千年的积累和发展而成的,是中

华民族传统文化的重要组成部分，为设计师的艺术设计带来了丰富的创作灵感，成为用之不竭的宝贵资源，具有很高的再使用价值。

不难发现，在中国传统文化中“达意”要远重于“绘形”。优秀的设计师应站在时代的最前沿，审视中国传统文化，把中国传统文化和时代紧密结合，以“中国传统元素”作为现代设计的根基和重要应用元素扩展中国传统文化的内涵，才是中国传统文化生生不息的内在动力，将这些富有民族形式特征的元素有机地组合到现代艺术设计中，无疑会给单调枯燥的现代设计风格增添无穷的魅力和独有的文化特征。

传统的图案、纹样艺术是我们创作的灵感源泉之一，几千年的艺术积淀形成的精美纹样是一个民族文化的结晶。传统图案、纹样与现代艺术设计意识相融合，在视觉传达的各个设计领域都有着很好的体现，可以使艺术设计具有更加丰富的文化底蕴。中国传统图案源于原始社会的彩陶图案，已有6 000~7 000年的历史，可分为原始社会图案、古典图案、民间和民俗图案、少数民族图案等。如包含火焰、水波、编织纹、几何纹以及原始宗教纹样等的彩陶图案；商周时期的青铜图案、南北朝时期的石窟装饰图案、唐代唐三彩陶器等中国古典图案；剪纸、刺绣、蓝印花布等有民间风格和地方特色的民间和民俗图案；地毯图案、蜡染图案、纺织图案、刺绣图案等少数民族图案等，这些风格质朴生动、造型拙稚、线条粗犷、具有鲜明的层次和节奏感的传统图案、纹样固然精美，但作为现代艺术设计元素必须加以创新才能适应现代人的审美，传统纹样的创作法则有：添加与删减、分解与重构、变形与整合。

把水墨、书法融入设计是香港设计大师靳埭强先生的独创，值得我们借鉴和研究，他是在借鉴中国文化语言的基础上，融入了西方设计理念。靳先生的海报作品亦强调“天人合一”的和谐关系，并将它赋予至善至美的灵性，达到了一种艺术的至高境界。《汉字》《自在》《九九归一》《沟通》《爱护自然》等作品无不渗透着中华艺术瑰宝的无限魅力，许多海报作品中石块、尺子、毛笔、砚台等中国传统器物成为海报主要的创作要素，其中所蕴含的极致的文化气息、典雅的艺术氛围使观者感受到精神与心灵的震撼，这无不推动着中国的设计、文化事业与设计教育的发展。

中国的书体丰富多彩，有甲骨文、金文、隶书、大篆、小篆、草书、行书、楷书等。以汉字为载体的中国书法艺术是中国传统文化的精髓，是一种最能体现中华民族审美意识与情趣的艺术，传统文化在民族审美心理中有着不可磨灭的印痕。①书法艺术在平面设计中的合理应用符合受众的审美趋向，能促进信息的传递和交流，它以独特的艺术形式和艺术内涵在现代平面设计中表现出独特的魅力。现代平面设计中运用书法艺术，除了要从书法家的角度去考虑，还要从设计师的角度去考虑怎样运用文字艺术来表现其独特的设计思路和所要传达给受众的信息。在2008年北京奥运会的标志“中国印·舞动的北京”、中国邮政、中国电信、中国人民银行、中国联通等优秀标志中处处都体现着中国传统文化与现代艺术设计的完美结合。

（二）现代艺术设计是传统文化的延伸

现代艺术设计的发展和传统文化有着密不可分的关系。现代艺术设计，无论怎样发展，都无法脱离传统文化对它的深刻影响。创新，对传统文化与艺术而言，是延伸，而不是否定。如果割裂了传统文化与现代艺术设计的联系，那么，现代艺术与设计将黯然失色。传统艺术与现代艺术设计的关系应在冲突中不断融合，在对比中达到和谐，在二者的关系上要强调选择性的继承，找到传统艺术与现代设计的最佳结合点创作出更好的作品来。②

设计本身就具有前瞻性，它需要不断创新和发展，我国传统文化元素与现代设计的传承和融合就更具有挑战性。一个优秀设计师，他的成功离不开对传统文化元素的继承和借鉴，在对传统文化学习借鉴中，都会把自己的生活阅历和价值观念以及个人感情理解融入当中，形成最直接的设计艺术本源。如果我们在设计中失去了这些，现代艺术设计就会显得苍白无生命

① 马小莉.浅析传统文化与现代艺术设计之间的关系[J].大众文艺，2012(13).

② 马小莉.浅析传统文化与现代艺术设计之间的关系[J].大众文艺，2012(13).

力。用现代的艺术设计手法结合传统文化元素的改造应用,能给人一种焕然一新的感觉,才能使现代艺术设计更具有中国特色的魅力。传统文化元素是最具有原创性的艺术,它为现代艺术设计师的创意提供直接的设计灵感。因此,现代艺术设计是我国传统文化的延伸,是取之不尽、用之不竭的设计源泉。

当今的设计潮流越来越多元化,朝着更前卫、大胆、犀利的方向发展,无论是造型、配色、排版都充满想象。创新是一个民族进步的灵魂,而创新是可以归结到延伸的过程中的,没有一种意识形态可以成为永恒的真理。中国传统文化固然宝贵,但我们不能抱着传统文化一成不变,因为这不符合发展的规律。面对飞速发展的科学技术,我们要在坚持中国传统文化基本精神的基础上不断进行创新,延展传统文化的内涵和形式,使中国传统文化既坚持了中国传统,又能适应现代化的发展和变化。

在现代艺术设计中反映传统文化是一种人文文化、个性文化,设计者必须既注重民族特征,又追随时尚潮流。现代艺术设计通过传统元素相结合,能够形成简约的美、空间的美、意境的美等审美特征。中国元素的运用是否能真正体现中国文化的精髓?艺术设计中应该如何提升中国文化的价值?所谓中国元素,不是除了黄土地,就是中国结、长城、盘扣、丝绸,“中国元素”最佳的运用方式是“写意”,而非“写实”,无论是平面设计、环境艺术设计、服装设计、产品设计等未必要在设计中体现过于明显、具体的元素符号,刻意标榜“前卫”造型、简单追逐潮流、拙劣凸显“中国元素”的设计不是好的设计。比如在服装设计中,如果以中国传统文化的“中国茶”“编钟”为主题,不一定要把衣服做成“茶壶状”“茶杯状”“编钟”等具体形象来凸显中国、凸显前卫,而是应该传递一种淡雅与宁静的“中国气质”,适当地在风格、工艺上加以修饰,这才是真正的“中国设计”。

国际上对中国设计师的作品评价越来越高,国际奢侈品牌也越来越多地进入中国市场,国际流行趋势也刮起了“中国风”。近几年,中国的大腕、明星的服装在国际重要场合开始狂热地走中国风路线,旗袍、青花瓷装、龙袍、仙鹤装等有着强烈中国文化特色的作品不断涌现,当时尚与中华文化的传统气韵相结合时,东方韵味的内在体现才是立足于国际舞台之根本。

第二节 中国传统文化与现代艺术设计融合的价值与途径

一、中国传统文化与现代艺术设计融合的价值

(一)为艺术设计增添中国特色

中国传统文化元素在现代艺术设计中可以促使艺术作品具有高度的中国特色艺术,增强了艺术设计的独特性。在设计创作作品时,充分吸收我国传统文化元素的精华,在完整的设计环境景观时体现国家特色以及民族独特性。总而言之,在现代环境艺术设计中添加中国传统文化元素可以增强在环境设计中的中国特色,达到引人深入、追思历史、弘扬文化的多重效果。[①]

(二)深化了设计作品的内涵

中国传统元素内容多样、风格统一又体现出多种不同的表现形式,被广泛地应用在多个领域中,无论是环境设计还是室内设计,或者是雕塑、绘画等艺术门类中,都常常能看到中国传统元素的影子。这些素材不仅丰富了设计的内容,而且也能够增添作品的艺术内涵,让人们在欣赏的过程中更加深刻地感受到这些元素背后的时代感,从而给作品增添了新的艺术魅力。

例如,中国传统园林景观建筑在提供居住、休憩、娱乐的功能的同时,还具有其不同的建筑原因、精神。一座园林承载了一个家族甚至一个地区的文化思想以及精神内涵。再加上众多中国传统文化元素意象本身就具有丰富的文化内涵,传承着不同名言寓言故事,在设计现代环境艺术中加入中国传统文化元素设计,不仅可以美化园林艺术,还可以深化设计作品的内在精神,增强其文化内涵。

---

① 闵泽鹏.中国传统元素在现代艺术设计中的创新研究[J].艺术品鉴,2021(18).

（三）丰富了设计作品的文化底蕴

中国传统元素题材多样，并且在发展的过程中形成了其独有的特色。如服饰中的龙凤纹、祥云纹，建筑中的万字纹、回纹，青铜器中的饕餮纹、凤鸟纹，这些元素不仅仅代表着其线条所表现出的内容，更多的是沉淀在文化中的吉祥或权威的寓意。这些深藏在文化中的设计元素，不仅能够提高作品的文化底蕴，而且也能够增强作品的感染力，让人们在欣赏的过程中感受到图纹背后的文化的力量与传承。

（四）满足了市场需求

中国传统元素是经过多年来的艺术提炼总结而成的，因此，在发展的过程中经历了多年来人们审美思想变革，并且被存留下来，由此可见其发展与传承符合民族审美的特性，在艺术设计的过程中采用传统元素，可以减少人们对其设计的陌生感，并且从内心深处对其艺术设计产生认同感。这也从客观上为设计作品赢得了更多的市场需求。因此，传统元素在艺术中的应用可以有效地提升其自身的经济价值与审美价值。

二、中国传统文化与现代艺术设计融合的途径

（一）明确作品主题中所蕴含的传统元素

设计者在进行现代艺术设计的时候，想要实现对传统元素的有效把握，应该注意对其设计理念进行创新。首先，明确作品主题。在进行现代艺术作品设计的时候，应该注意进行主题明确，通过文化背景对比以及内涵对比的方式来实现对艺术作品的设计目标，从而确定设计方向。传统元素的应用在很大程度上促进了现代艺术的发展，同时，也进一步提升了人们对于传统文化的接受程度。设计者应该准确找到传统元素应用的切入点，通过这种方式来实现对设计理念的创新，也使其作品设计更加趋向于多元化，使得艺术作品获得了新的生命力，为现代艺术作品的设计打下坚实基础。其次，在进行传统文化创新应用的过程中，设计者应该注意不能完全按照传统元素来确定其设计理念，应该注意取其精华、去其糟粕，通过这种方式可以更加真实地传递设计者的思

想理念，实现对传统元素的创新应用，使得作品主题更加鲜明。

（二）合理提取中国传统设计元素

提取中国传统设计元素主要是从色彩、图案、造型等方面进行，准确概括和摘取合理的中国传统元素，并对其进行及时的总结。对于提取色彩来说，首先应该划分中国传统元素所属的类别，然后再根据其类别选择与之相匹配的提取方法。色彩提取通常主要针对有形元素。对于提取图案来说，主要是重新构思和设计能够为现代艺术设计采用的中国传统元素。重构设计应该避免简单机械式的拼接和罗列，必须对原有图案进行全面的理解，然后再对图案进行重新组合和排列。同时，应该确保提取的图案元素能够符合现代艺术审美标准，具有一定的传统性和代表性。对于提取造型来说，提取对象种类较为丰富，并且具有多种表现形式。总而言之，只有对中国传统元素进行合理提取和综合使用，才能为艺术设计作品增添新的价值，设计出优秀的艺术作品。

（三）注重作品内容与中国传统元素的融合

对于现代艺术设计来说，在实际展开设计的过程中会涉及多方面的内容，应该注意将传统元素合理应用到其中，从而实现传统元素与现代设计艺术的有机融合。通过这种方式能够有效提升艺术作品的整体品位。在现代艺术设计过程中，传统元素的应用在一定程度上起到了传承中国传统文化的作用，同时，减少了西方艺术文化对中国艺术设计的消极影响。艺术创作者对于“线”的想象以及创造一直没有停止过，并且赋予了“线”多种特征，无论是直线、水平线还是斜线，其在实际应用的过程中都有自己较为独特的用途，并且在作品设计中的应用收到了较为理想的效果。[①]对于水平线来说，其主要体现出安静，而垂直线则表现出刚劲、挺拔。在进行现代设计的时候，传统设计元素的应用使得作品获得了新的活力，实现了艺术上的创新。

（四）注重传统元素与肌理构成相互融合

目前来看，肌理已经成为当代艺术设计的重要语言表现形式之一，所应用

---

① 叶聪.中国传统元素在现代艺术设计中的创新研究[J].艺术品鉴，2021(29).

的象征方式可以给人创造更为广阔的想象空间，还能充分发挥出人的潜能与记忆，使得现代设计的理念与传统设计理念相辅相成。例如，在进行课本封面设计的时候，应该注意对肌理构成的手法进行充分运用，尤其对于小学语文课本来说，可以利用汉字线条的方式来对封面进行革新，通过这种方式可以使得文字这一抽象化元素更为具象化。通过将传统汉字元素与肌理构成进行融合，可以实现对传统元素美感的深入发掘，从而实现传统汉字元素与肌理构成结构的融合创新。

（五）注重抽象几何的应用

对于现代艺术设计来说，抽象几何的应用越来越频繁，并且在实际应用的过程中取得了较为理想的效果。要注意根据使用价值来确定几何图形的应用方式，保证应用方式选择的准确性，可以实现对立体主义、构成主义的有效利用，这也使得几何图形在艺术理念方面有了明显的变化，可以实现艺术思想与哲学思想的有效结合，应用简练的几何图形来对抽象的主体或者理念进行展示，通过这种方式来确定符合艺术设计的形式。在进行艺术设计的时候，还应该注意对传统元素进行合理利用，在其中融入几何图形，通过改变原有排列顺序的方式来使几何图形的组合获得新的活力，并且保证其具有传统元素的同时也具有现代设计特征。例如，陈楠设计的《甲骨文》海报中，则是应用了甲骨文的纹路来代替传统的手工雕刻线条，并且应用了现代科技的处理手法，实现了对理性线条组成的有效创新，这在很大程度上实现了对纹理意象的提高，甲骨文这一传统元素的运用在很大程度上提升了现代艺术设计作品的整体审美水平。

（六）创新解构主义审美

目前来看，解构的方式已经成为现代艺术作品中经常会应用的创作方式之一，其在我国绘画、建筑以及雕塑设计方面都有较为广泛的应用，并且在实际应用的过程中收到了理想效果。在德里达的解构主义中，哲学对于解构创作的影响最为明显，并且构成了基本的解构形式以及创作理念。结构主义与解构主义之间具有相对性，可以将解构主义看作是结构主义的衍生。结构主义主张离散与消解，所追求的定义往往也是多样化的；而对于解构主义来说，往往更为强调片段、不完整、分离的理念与形式，其在实际应用的过程中往往可以有效打破传统艺术设计的边界。①

因此，在现代化艺术作品的设计中，按照实际设计需求通常会选择应用解构方法与传统的设计方法进行结合，这样才能保证在实际应用的过程中收到理想效果，要注意准确利用错位、叠合等多种图形解构形式，通过这种方式来打破图形的固有现象，这也使得传统图形元素在实际应用的过程中有了较为理想的效果，实现了对传统元素中局部或者片段的分解，使得作品整体审美更加匀称，进一步提升了艺术作品自身的魅力。例如，陈幼坚进行时钟版面设计的时候，应用了分解书法汉字的方式，将原本时钟版面上的阿拉伯数字用中文汉字代替，通过抽离书法笔画的方式来展示中文汉字的分离、残缺效果，解构形式的应用展示了汉字的另一种美感，使其与时钟版面的审美需求高度契合，营造出了动静结合的意境。这种设计方式较为新颖，时钟版面设计更加具有动态性，能够激发人们的视觉系统，使得人们在观看时钟的时候获得了更为广阔的想象空间。

第三节 中国传统文化在现代广告设计中的应用

一、传统文化思想在广告设计中的应用

（一）儒家思想在广告设计中的应用

1.“天人合一”的美学观

“天人合一”是儒家哲学思想中所体现出的整体价值观，而“物我合一”则是其根本的审美观念。②在这两者的关照下，造型艺术表现为不太注重图案和图形的外部结构，而是更乐于深究隐藏在图画后部的精神内涵。在评价作品

① 叶聪.中国传统元素在现代艺术设计中的创新研究[J].艺术品鉴，2021(29).

② 陈奕丞.本土文化在现代广告设计中的体现[D].青岛：青岛大学，2007.

的时候,中国人常常提到的“传神”也正是受到了以上这种美学观念的影响。中国儒家审美更注意的是设计整体造型所营造的气场和表现出来的气势,而不像西方审美观点一样讲究尽可能细致入微的写实。

由哲学思想转化至美学思想,是人们在对世界的观察和认识过程中,不自觉地融入自身的情感和想象以及认知和判断,涉及情感、想象和事物外部形象的部分就形成了对美的体验。中国传统古典美学的思想很大一部分根源于哲学思想中“天人合一”的思想,认为“天人合一”是一种精神境界,一种圣人境界,其过程就是通过自身的修养、内省来达到自我约束或自我升华,最终成为一个全面自由的人。全面自由是一种审美追求,这个境界也就是一种天人和谐的审美境界。从审美意义上说,天人合一意味着人在审美体验中,与天地浑然一体,实现人与天的融合与协调,人在天地间展现自我,生成自身,放飞心灵得到最终的自由。在天人合一的思维方式下,在人合于天的审美过程中,才能产生一个审美意象,这个意象世界正是一个天与人合而为一的世界。

中国传统哲学思想对“天”的不同理解,也使得“天人合一”的审美境界有了不同的表现。儒家认为“天”包含有道德之天的含义,是一种主宰之天,而产生了以善为美的情感体验,表现在美学形态上就是美与善的高度统一。这是中国艺术的一个显著的特征。从艺术的评价标准,到艺术的社会功能,到最终的艺术境界追求,美与善都是相互区别却相互统一的。孔子在《论语·八佾》中提出:“子谓韶,‘尽美矣,又尽善也’。谓武,‘尽美矣,未尽善也’。”可以看见美与善是有区别的,而美与善的统一才是孔子所高度推崇的。在《论语·述而》中就有:“子在齐闻《韶》,三月不知肉味。”“尽善尽美”正是中国古典美学思想中重要的艺术评价标准。

2.中国传统中的“意”与“象”

《中华汉语词典》对意趣的解释为:意味和情趣。即人在欣赏某一存在的时候,所表现出来的欣赏取向和情趣品味。中国的欣赏意趣中常常提到意象,“意”是客观化了的作者情思所在,而“象”则是被画家主体化了的客观存在。

中国传统艺术对意象的约束较少，一般来说，只要能够表现出作者想要表达出的心境，且观看的人可以领会到，那么这个意象的创造与使用就是成功的。

佛家思想的天人合一观念就在对“心”的体认，人心即天、即宇宙。本心是所有有情的众生，乃至佛、菩萨、如来等都具有本心。因人具有本心，故可以顿悟成佛。这种直面本心的哲学思想使得中国审美思想开始进入对审美中心灵的探索和深入，也影响了当时特别是中唐后期的美学思想，写意美学逐渐成为中国传统的主导审美意识。中国传统审美思想的重心也逐步走向心灵化，越来越崇尚无形的言外之意、象外之境。在艺术表现上呈现出对空灵境界的追求。

古人常说的“近则取其质，远则观其势”也就是这个意思。在汉代的画像中经常采用裁剪影像忽略细致刻画的方式，所以汉代画像有时候看起来甚至像是一个剪影，但其动态和意境，还是能通过对画面的解构表现出来。

3. 中庸之道与“内敛”

儒家的另外一个思想内涵为“中庸之道”，即一切事物的发展和行为准则都以求“和”为标准，讲究人与自然之间的和谐，讲究世界万物相生互融的和谐。所以在儒家的审美观念中，并不愿意把图案的某一个方面过分地夸大和抒写出来，这会导致整个画面的不协调。这也是为什么我国古代艺术家的审美趣味很少会选择“五色”等华丽夺目的修饰性内容，而是更多地青睐于简朴素雅、平淡传神等画面和文字内容。而具体表现在艺术的创作和审美过程中，也就是崇尚清新的审美要求。从另外一种审美意义上来看，中国古代的审美情趣也可以概括成“内敛”，即是一种与现代要求“个性张扬”所相反的审美价值观，这些对于现代广告设计产生了很大的影响。

从另一层意义上来说，中国古代审美要求“内敛”，正是美善统一的自觉要求。儒家美学观提倡美善统一。美指作品的形式的好；善指作品内容的善。设计是一种把人们的审美思想赋予形态的工作，就是将所有的人造物赋予美好的目的并加以实现。现代设计从过去对功能的满足上升到了对人的精神关怀,这是在设计中融入文化,增加产品的文化附加值的根本所在,是设计师的责任。因此,优秀的广告作品不仅要给人以形式的美感,而且要处理好道德、舆论、伦理等方面的导向与社会发展和谐一致。优秀的设计是真善美的体现。

(二)道家思想在广告设计中的应用

1.“师法自然”的道家美学观

道家思想认为“道”是宇宙的本源,也是统治宇宙中一切运动的法则。强调超功利的无为的审美关系,强调突发自然,突出个性和艺术的独立性;追求浪漫不羁的形象想象,追求情感抒发,追求个性的表达;追求内在的、精神的、实质的美;大巧若拙,言不尽意,达到立象尽意,以象载道之目的。在艺术方面,“师法自然”一直是道家思想所强调的,这种自然一是指非人为造作的物质载体;二指大自然,花鸟山水等自然界的物质载体。古往今来的文人和艺术家都主张师法自然,这是道家思想给予的力量。在艺术形式和审美观念等各个方面,道家的哲学思想已经有了一定的渗透和积淀。

李泽厚曾出过一本《美学论集》,在书中他这样表述,正是儒家倡导的人间情味的美加上道家倡导大自然的美的融合,才会让历来的文人志士在文艺创作和欣赏中受益匪浅。[①]

2. 自然纯朴对现代广告艺术设计的影响

无论是儒家还是道家,都十分强调自然纯朴的生活状态,和对自身修养持之以恒地提高和历练。因为只有一个人有了自然淳朴的生活状态,并在这种状态中不断对自我修养、性情进行精神上的升华,才可能在言谈举止、行事为政的过程中,体现出一个人与众不同的风貌和价值。在社会的意义上来看,如果全社会的人员都能够对自我进行严格约束,保持品格的高洁,那么社会的繁荣稳定也就指日可待了。

在世界的东方,艺术设计不仅仅是体现一个人设计才能的载体,它更多的体现的是设计者内心世界的价值评判。作品本身是实际存在的,它通过展现

① 李泽厚.美学论集[M].上海:上海文艺出版社,1980:120.

自己的形体、色彩、文字内容，来对他人进行感染和驯化，使观赏者可以赞同艺术设计中所包含的理念等内容。这就决定其设计不能仅仅通过单纯的意象组合来表现思想，而是应该首先有一个精神理念，然后再去对艺术品进行加工和创造，才能为作品本身赋予深刻的精神内涵。

没有精神内涵的作品是空洞的，“品性高洁，其文秀美”，只有当设计者本身拥有了高洁的灵魂，才能使得自己的作品具有高度的精神上的内容。[①]我们欣赏古代先民的图腾，并不仅仅在于其风格如何的绮丽变化，而是因为我们能够从图腾文化中，看到先民在恶劣的生存环境下，追求生命、追求未来、追求美的决心与信心。

二、传统风俗风情在广告设计中的应用

（一）传统节令风俗与现代广告的结合

利用传统岁时节令风俗开展商业活动自古有之。祈求风调雨顺、五谷丰登、万事如意是各种岁时节令风俗的主要目的。除此之外，中国传统节日在为人们提供聚会场所和时间的同时，也为商品的交换提供了市场。

在中国传统佳节推出古色古香、韵味十足的形象广告已成为部分广告的显著特色。中秋节是中华民族的传统节日，也是合家团聚的日子，每逢这一天，家人必须团聚，同吃象征团圆的月饼。古往今来，中国的文人常用“花好月圆”来形容幸福美满的生活。台湾“歌林企业”在中国人一年一度的中秋节推出了一则公司广告，其主题是“传动生活文化的歌林”，祝福所有的中国人佳节愉快。画面上暗色的天空中，有一大一小的月亮，正在慢慢靠近。广告词是：“如果有一天，中国的俩月亮能连在一起，那该有多亮……”佳节思亲，渴望团圆，切切亲情，跃然纸上。而“俩月亮”的“俩”字，含蓄之至，使人感到了一种血浓于水的手足之情。

总之，在我国民间还有不少大大小小的岁时节令。现在不少地区利用传

① 郝振园.中国现代广告设计中本土文化的应用研究[D].秦皇岛：燕山大学，2010.

统年节文化搭台，经济唱戏，融年节文化与经贸活动于一体，不仅给人以高雅的艺术享受，同时为商品传播信息提供了绝好的机会。

（二）喜庆吉祥习俗在现代广告中的体现

各民族特有的生活习俗是由于特定的地理、气候和其生活环境所造就的。而各民族特有的生活习俗又使人们对色彩、图形等情感的反应也会有所不同，在审美定势特征上更会有所差异。吉祥文化可以说就是中国文化，寻求和谐、幸福、宁静，是中国文化对吉祥习俗的一种特殊表达及偏爱。

红色是中国人的吉祥色，中国人偏爱红色，它是吉祥的颜色、成功的颜色，红色更是中国的传统色彩，放红鞭炮，贴红喜字、红对联，中国人偏爱红色，恐怕再没有哪个国家拥有这样悠久丰富的“红”历史。在中国人的喜庆典礼上，“红”永远占主导地位，红甚至是奠基仪式、公司开业等活动中不可缺少的元素。

可口可乐围绕“红色主题”开展了一系列促销活动。“可乐红色正好玩”将红太阳、红苹果等12种不同的红色图案印在易拉罐拉环和塑料瓶标签上，结合中国国情及消费者心理进行促销包装活动。只要购买“可口可乐、雪碧”等促销商品，同时有两个红色图案组合成功，就能赢得红色的奖品。他们利用各种媒体通过“红色”来传递整个促销信息，让消费者反复体会“可口可乐”的红色概念，从而让你爱上红色的可口可乐。由此可见，可口可乐公司在广告策划中的匠心独具，广告创意把“红色”做到了家。

中国人对吉祥图案的喜爱也是喜庆吉祥习俗的一大特点。民间的吉祥物除龙、凤外，还有中国结、金锁、如意、辟邪、朱雀、玄武等，这些吉祥物也屡屡现身于各种广告作品中。[①]如安联大寿保险有限公司的整幅广告以大版面构成的冲击力及红色的中国结构成，广告语“爱护家人，先让安联大众保护您”。“中国结”是幸福安康的最佳表征，而安联是保险公司，其广告一直是以象征安全的借代物为诉求的。在色彩上采用纯正沉着的传统红为基色，又营造了具有

① 陈卫民.传统风俗在现代广告传播中的意义探究[J].中国报业，2012(2).

传统意义的喜庆气氛。

圆也是风俗文化中对圆满吉祥的表达。在中国人看来,圆就是“天道”,对圆的尊重也就是对天地的崇拜。东方文化讲究吉祥,追求视觉符号的象征意义和内在含义。对一般人而言,圆不过是万事如意的同义语;从文化的角度看,渴望团圆、渴望美满幸福生活,是中国风俗文化中极富特色的精髓所在。中国的许多企业在视觉符号的设计中,讲究吉祥,讲究风水,讲究内在含义,所以国人特喜爱圆的形状,认为它代表圆满。如中国的银行、保险、食品、旅游等行业均用圆作为企业形象标志,可谓十个标志九个圆。这些标志抓住了国人的“圆满”心理,反映了人们对圆满生活的良好愿望。

(三)语言习俗在现代广告中的体现

语言习俗包括神话、传说、谚语等,属俗文学的一部分。俗文学指除诗、散文等雅文学之外的全部文学形式,以通俗易懂而流传于民间,为大众喜闻乐见。正是由于俗文学的大众性、通俗性,在现代广告创意中如能恰当把握语言习俗特点,运用习俗元素,可收到很好的广告宣传效果,在这方面最成功的当属丰田汽车广告语“车到山前必有路,有路必有丰田车”。广告语借助中国的民间俗语,来表现畅销全球的丰田汽车,简洁有力、逻辑严密,恰当地表达了丰田汽车的广告主题。

对于耳熟能详的经典,广告人不约而同地选用其内容在广告创意中求新,同样给广告带来了意料之外的收获。如中国电信用“牛郎织女”“西游记”“西厢记”等中国人人皆知的神话传说、世俗小说为世界电信日做的宣传广告,把古老的故事与高科技、现代化的INTERNET联系在一起,既生动贴切,又新奇独到。牛郎织女通过互联网互诉相思之苦,鸳鸯崔生在网上鹊桥相会,唐僧查阅佛经用互联网在线便可实现,体现了互联网的方便快捷。

三、传统手工技艺在广告设计中的应用

(一)现代广告设计中的剪纸艺术应用

在我国科学技术飞速发展的今天,互联网信息技术为当前的广告设计提

供了更为广阔的发展空间和更为长远的发展前景。现代广告设计师能够借助数字成像和各种信息化设计工具创作出形象更为丰富、形式更为多样的广告作品。而广告作为传播组织信息和宣传产品特征的示意内容,需要以更加直观和形象的方式进行展现和呈现。而剪纸艺术恰恰是直白性和形象性最强的艺术形式,在广告设计当中合理地融入与结合剪纸艺术的特点,不仅能够更好地发挥剪纸艺术的审美与艺术特征,同样还能够更好地扩大广告的传播力和宣传力度。

中国电信就曾推出过剪纸风格的广告作品,这种将现代广告设计与传统民间剪纸艺术有机融合的广告作品,有效地扩大了中国电信手机宣传广告的传播力度和影响力度,给观众带来更加直白、形象的意向冲击;从广告作品寓意的角度来看,梅树、梅花作为民间剪纸艺术中的特殊意象,也将美好的祝福与期望融入广告作品当中,进而有效地提高了广告作品的内涵与艺术价值。[①]

(二)脸谱元素在现代广告设计中的具体应用

(1)宝马“BMW之悦”广告,创意融入京剧脸谱

作为一向强调“纯粹驾驶乐趣”的汽车制造商,“宝马之悦”既是宝马公司对其原有品牌战略的提升,也是一次对中国文化的致敬。在“宝马之悦”的广告创意中可以看到很多中国元素,宝马汽车的前脸融入了京剧脸谱,蓝白相间的车身变成窦尔敦脸上的油彩。在中国年画和水墨画的映衬下,宝马汽车少了炫目的金属质感,却显得更加内敛和从容。通过在“宝马之悦”广告中融入中国传统的京剧脸谱元素,从而针对宝马汽车为消费者塑造一种受尊重、易沟通,也可以接近的形象。同时通过融入脸谱元素的“BMW之悦”的品牌推广,更加容易帮助宝马与消费者建立紧密的情感联系,为宝马汽车在中国市场的开拓增添了不少人情味,从而更容易获得中国消费者的“芳心”。

(2)廉政管理局公益广告

① 蔡卉君.艺术设计中的民间剪纸艺术[J].天工,2022(6).

浙江省武义县的公益广告设计很好地运用了京剧脸谱元素[①]。乌纱帽表示政府官员，白色象征邪恶，而红色代表的是人间正义。在这则富有深意的公益广告中，图中头戴乌纱的官员，一边是红脸，另一边是白脸，形象地表明了该官员脑中清廉与腐败的激烈斗争。右上方的闪电雷击，以及左上方的晴空万里，通过简单的表达，形象地告诫了作为人民的公仆应该洁身自好，保证清廉。这个广告通过采用京剧脸谱中的艺术特征进行简单的设计，其象征意义是深远的，采用这样的设计是非常合理的，设计者想要表达的信息通过这样简单的设计得到有效的表达。将京剧脸谱艺术元素融入公益广告中，这样的设计虽然图形简单明了，但寓意深远。这样的设计理念，不仅可以让公益广告作品更加具有教育意义，而且也达到了事半功倍的效果。

(3)京剧脸谱在纪念宣传品上的应用

京剧脸谱不仅在宝马广告以及公益广告中得到了成功应用，而且也广泛应用在一些纪念物品的设计上，比如彩色纪念币。为了诠释我国传统文化的精粹，展现京剧脸谱深厚的文化底蕴和艺术内涵，弘扬京剧艺术中所蕴含的人文精神，中国人民银行以中国京剧脸谱为题材发行了一套彩色金银纪念币。这套纪念币上的脸谱人物都是来自京剧中的正义角色，或骁勇善战、忠心报国，或才华横溢、正气浩然，或刚正不阿、廉洁奉公，通过这套京剧脸谱纪念币的设计，意在宣扬京剧脸谱创作过程中富有时代特色的思想与美德，弘扬新时期的精神风貌，同时也对大众人文精神起到一定的启示作用。

(三)年画在广告设计中的应用

1.色彩表现

“目之于色也，有美同焉。”这是说，色彩是在人的生理基础上建立的，眼睛对颜色有共同的审美感受。眼睛对色彩的感受，是人类的直觉，不同的色彩可以给人带来不同的感受，我们观察一个物体时，首先感知到的便是色彩。广告的目的是吸引人们的注意力，所以需要用纯度较高且对比强烈的色彩来表现，

① 王仲，张晓华.京剧脸谱在现代广告设计中应用之探究[J].设计，2014(9).

这一点与传统年画的用色不谋而合。鲜明的色彩可以使表现的形象更加具有感染力、得到更多人的喜欢;反之,若是色彩比较灰暗,对比弱,便很难吸引人们的注意力,使人产生视觉疲劳。色彩很重要,在运用上不能随心所欲,而是要在有限的颜色搭配中达到最佳的效果。所有的形体都用黑线勾边,这一点在年画中也是常用的手法。

年画的主题是欢乐、喜庆的,画面给人的感觉自然也需要喜庆、明快,所以大多数都是以红色为背景色;也有一些年画以其他颜色为背景色,但画面仍以红色为主。不同色彩的穿插呈现,能够带给观者视觉上的冲击,同时由于观者成长的环境不同,接受的文化熏陶不同,对画面的理解也会有差异。在创作过程中,设计师首先要考虑的是色彩的结构安排,对色彩的解读超过色彩本身,能够在广告设计中带来更丰富的解读。以传统的色彩搭配进行创作表现现代的信息,这对于现代广告来说是一种丰富和创新。在现代广告设计中,色彩已经不只是一种视觉感受,更是传递信息的一种符号。红、黄、蓝是人们熟知的三原色,再加上黑、白二色,便形成了五色。"五色观"是我们民间色彩的基础,年画的色彩运用便源于这种色彩观念。①年画中多运用互补色,形成强烈的对比,红与绿、黄与紫、蓝与橙、黑与白的运用形成了很强的视觉冲击力。一般年画画面中民俗与喜庆的感觉非常浓烈,将年画的色彩特征运用到广告设计中,别有一番风味。

2.构图方式

年画的构成方式不仅表现了它的内容,而且具有装饰性,突出了过节的气氛。年画的构图,追求完美、对称、饱满,反映了广大人民群众追求的完满、幸福。这一构图样式在广告设计中的运用非常常见。构图在广告设计中是一个重要的视觉元素,它是对各种元素的综合运用,是形式的体现。想要使一则广告起到好的宣传效果,就要使用大家熟知的图案和形式,这样才可以使作品引起人们的共鸣。

---

① 贾佳.年画在招贴设计中的应用分析[J].艺术科技,2019(9).

视觉艺术类都运用具体的形象来表现思想，广告和年画都属于这一范畴。将年画中典型的图案通过变形再设计，运用到广告设计中，将变形之后的传统图案与广告设计想要表达的含义相结合，可以达到传达信息的目的。年画在历史的长河中不断地发展和演变，积累了大量的图案资源，数量众多、寓意丰富，可谓取之不尽、用之不竭，将之与现代广告设计相结合，必然可以产生意想不到的效果。

3. 蕴意传达

年画图案中的"意"是精神层面的东西。年画表现了人们对美好生活的寄托与向往，其包含的意义便是其精神所在。这种寓意不是具体的物像，而是一种意识流，是借一个物体来表达物体以外的感情，在传统文化中时常被运用，是年画中最常见的表现形式。

年画中表达出来的意，一般都是吉祥的意义，这种意义的运用需要以传统文化的传承作为支撑，否则便起不到表达意义的作用。在传统文化的基础上，年画传递的都是精神层面的东西。人们向往美好的生活，画面表现出来的美好、吉祥的意思，便是画面中"意"的灵魂所在。原始的汉字便是一种图形符号，是中华民族的一种历史悠久的文化，经过高度概括延续至今，具有深刻的内涵。在广告设计中，汉字是不可缺少的元素，在设计的过程中，将汉字进行一些创意变化，运用到作品中，是一种极为简单却富有内涵的传递信息的方式。汉字在出现的时候就具有视觉效果，在长时间的发展中又结合了一些谐音的寓意，使人们在运用的过程中可以通过"由此及彼"，表现其本身以外的一些含义。

第四节 中国传统文化在现代服装设计中的应用

一、中国传统文化在服装设计中的应用法则

（一）中国传统文化在服装设计"统一"法则层面的应用

1."统一"法则与中国传统文化"统一"内涵的联系

服装设计形式美法则中的"统一"是最基本的法则，统一便是协调。设计

本身就是机能、素材、技法三者的统一体，而服装设计涉及不同的面料、色彩、款式等要素，这些要素有着共同点和各自的差异，服装设计需要将这些多样性的要素统一起来。

文化中的统一便是和谐，中国传统文化中包含着很多关于“和”的思想，它是中国传统文化的显著特征和深层精神。

当代社会也是本着和谐统一的原则在发展，人们也是依照和谐统一的准则在工作生活，不论是认识世界还是改造世界，都需要明确这一准则，以此要求自身的思想和行为。

2.思想文化中“统一、和谐”的内涵在形式美“统一”法则层面的应用

服装设计整体和局部式样的统一，对于设计的完整性十分重要，将这种“和”的思想应用到服装设计之中可以更好地辅助设计达到统一，更好地迎合设计的构思与目的。这些整体和局部在式样统一的前提下，在所选用的色彩或采用的面料等方面保留些许差异，反而能得到创新讨巧的设计效果。但是这些差异都是微小的，色彩即使不同也应该属于同一色系的，面料即使不同也应该选用材质、纹样类似的。在不相互冲突的前提下，让整体和局部式样的统一来辅助设计达到一种新颖的效果。

中国传统文化中的国学思想文化是博大精深的思想体系，其中道家提倡尊道以行，率理而动，因势利导，合乎自然，虚静处下，海涵宽容，这是对人与自然统一和谐的追求，以此建立起自然和谐的治国秩序。而现代人与自然的关系多指人与社会的关系，服装设计可以通过有效的统一调和手段，让穿着者更容易地亲近自然、融入社会。进行服装设计时，应全面考虑到设计对应的目标人群的职业、社会地位、身份背景等因素，运用与其相统一的合理服装配色，使人在着装之后能与其所生存的自然环境、工作环境、社会环境达到统一和谐。[①]例如，从事户外工作人群的服装采用与大地、树木等自然环境颜色相近

① 王雨晴.传统造型元素与服装时尚设计的融合研究[J].纺织报告，2022(5).

的颜色进行配置,在写字楼里从事经济管理类工作人群的服装采用与工作环境的建筑、办公设施等颜色相呼应的颜色进行配置,从事演艺传媒类工作人群的服装采用与演出环境、演出性质等相符合的颜色进行配置。将中国传统文化里中国国学思想文化的统一和谐内涵融入服装设计的色彩中,二者达到的统一是创新的色彩统一。

各个学派的思想文化,首先都提及人自身的统一和谐。老子强调个人修养与自我的建立,知人者智,自知者明,胜人者有力,自强者强,知足者富,强行者有志。儒家思想也尤为重视个人自我身心内外在的统一,孔子、孟子都坚持着"穷则独善其身,达则兼济天下",可见人作为单独的个体本身也是需要达到统一和谐的。那么一个服装设计作品就其本身而言,在与自然、社会统一和谐的前提下,它首先要达到自身在装饰工艺、配件上的统一。在装饰工艺方面,为达到统一可采用相同的工艺手段或相类似的装饰图案,形成与整体设计统一的装饰风格。好比一个服装设计采用了扎染的装饰工艺,那么为了达到统一的效果就不能再采用蜡染等装饰工艺。在一个服装设计中运用到了丝线刺绣的装饰工艺,为达到统一的效果就不能再运用珠绣等装饰工艺。在一个服装设计中采用了手绘的装饰工艺,就不能再采用胶印装饰工艺等。这种服装设计自身对统一效果的追求,在服装辅料和配件方面也一定要做到,小到一颗纽扣的式样、颜色、材质,及其在服装上的位置和排列组合。

国学思想文化对于统一的最终追求,是一种天、地、人三者合一的境界。能诠释服装设计形式美法则中的"统一"最有力的就是服装色彩、造型、材料三者的统一,将三者在同质、类似、异质情况下的调和考虑周全,便一定会得到统一的效果。

纵观中国传统文化,中国国学思想文化是多样的,但统一的思想却始终贯彻其中,将这种统一的思想与服装设计形式美法则的"统一"准则相互融合,既可以更好地指导"统一"法则在服装设计中的应用,还可以使设计出的服装具有中国国学思想文化内涵的意味,为设计增添情趣。

(二)中国传统文化在服装设计“对称”法则层面的应用

1.“对称”法则与中国传统文化“对称”内涵的联系

物体在形态上以对称的形式,给人以视觉的平衡感,视觉平衡会左右心理上舒适与否。服装设计中的“对称”法则是指左右或上下形象完全相同的状态,对称是我国造型艺术传统风格之一,这种审美形象不仅反映在服装之上,还反映在中国文字、古建筑、古桥等方面。由于人体体形本身就是结构对称的,因此,对称法则在服装设计上的应用更是多样化的,“对称”式的服装作品可以通过很多手段来完成。

中国文字是人类历史上诞生最早的文字之一,它不仅有宝贵的文化价值,还有着一定的审美价值。中国文字在最初的创造过程中,自觉遵循了对称美法则的规律,许多汉字都是轴对称图形。王子善先生经过研究发现了汉字的结构规律,同时还提出了汉字结构“对称性”理论并发明了对称汉字输入法,他把汉字按照外形分成了“独体对称”“包围对称”“上对称”“下对称”等十种类别。

2.汉字结构的“对称”内涵在形式美“对称”法则层面的应用

若要将中国文字中的对称规律应用到服装设计中,首先要熟悉哪些文字的结构是对称的,其中的对称性又存在着什么区别。对于汉字来说,从其结构和笔画来说的确存在着很多对称结构,但是其中有一部分文字是经过简化后结构对称的,例如“来、壶、举、木”等;也有一部分文字是原本结构对称,一经简化就不再对称的,例如“华、万、乐”等;或者还有一部分是原本结构不对称,一经过简化就对称或近似对称的,例如“县、总、亩”等。若想将中国文字的结构对称内涵有效合理地利用,必然应先掌握和了解中国文字的结构特点。

在此可以借助王子善先生对中国汉字结构的分类,联系服装设计的对称性法则进行具体的研究。依据他对汉字的分类,将结构对称的汉字分为:独体对称、包围对称、上对称、下对称、左对称、右对称、左右对称、中心对称。

独体对称的汉字,例如“一、中、个”等,它的对称性是以一个完整的统一体存在的，其整体给人一种对称美的感观，这点应用在服装设计中可以采取衣片无分割的手段，让服装整体产生与独体对称结构的汉字相类似的既完整又对称的效果。这种设计灵感类似于三宅一生将布袋直接套在人体上形成的服装，无省道、无分割线甚至没有具体的部位划分，但却在外形上有着强烈的对称感。包围对称结构的文字，例如“口、回、网、区”等，它在结构上一部分是包围的，另一部分是半包围的，这种对称性应用在服装设计中能够给服装带来严肃、朴实的感觉，服装的整体轮廓可以设计成类似于包围对称结构的汉字，衣服除了颈部、手臂根部、腰部留有空洞，其余部分全都采用闭合的缝制方式等。

上对称结构的汉字，例如“晨、梦、翟、恙”等，文字只有上半部分的结构呈对称的形式。将这种对称性的特点应用到服装设计中可以只将衣身的上半部分进行对称设计，衣身下半部分则进行非对称性的随意剪裁和设计。或采用单独保留对称的衣领，衣袖和衣身则设计成不对称的形式等手段。

下对称结构的汉字，例如“焦、森、真”等，将这种对称性的特点应用到服装设计中可以将衣身上半部分原有的对称结构完全打乱、错置，而只保留衣身下半部分的对称结构。

左右对称结构的汉字，例如“林、朋、比”等，将这些文字的对称性特点应用到服装设计中所形成的对称性是绝对的对称，设计出来的服装沿中轴对折后在轮廓上能够完全重合，在色彩上也是完全相同的，在细节的配置上完全统一。

而中心对称的汉字，例如“十、森、炎”等，将这些文字的对称性特点应用到服装设计中所得到的对称性，是以服装的中心为基点进行的对称，是一种发散式的对称，可以给沉稳的对称性设计平添些许的趣味。

总之，将中国文字结构上多样化的对称性应用到服装设计中，所得到服装的对称性既有独立式的对称，也有对立式的对称。在应用时要紧密联系设计的主题和目标，选取合理的、有用的设计手段来满足服装设计的对称美。

(三)中国传统文化在服装设计"平衡"法则层面的应用

1."平衡"法则与中国传统文化"平衡"内涵的联系

平衡是指事物同量不同型或同型不同量的组合,它具有相对性。与绝对的对称相比较,相对平衡则表现出一种动感,它更能符合现代人们的生活特征和审美取向,它所表达出来的不安定感、刺激感也是其魅力所在。在服装设计中如果能巧妙地运用平衡法则可以有意料不到的设计效果。

中国的语言文化辉煌灿烂,这些语言文化架起了人类与人类、人类与世界沟通的桥梁。语言文化是中国传统文化中的一个重要组成部分,在漫长的历史发展过程中中国语言文化已经形成其特色,它简明扼要、坦诚精确,通过有效、有力的沟通维系着人类与世界之间的平衡并辅助其发展。

2.汉语言中的"平衡"内涵在形式美"平衡"法则层面的应用

众所周知,我国的语言各具特色且差异性很大,不同的语言其语法、语义、语调、表达方式都有所不同。

在人们交谈时,同样的一个意思对东北人说来需要五六个字就能够讲述完整,而广东人却需要十多个字才能讲述出来,但是其中表达的内涵和沟通的目的是相同的,在这一层面是存在平衡的。那么将这种等质的平衡应用到服装设计中,若设计作品上某一部分的款式是相当繁琐的,细节是非常复杂的,那设计的其他部分就要做到非常的简化,甚至不做任何的细节、装饰处理,才能使服装设计的整体达到平衡。

在沟通交流的时候,讲述相同的一句话,山东人的语调会异常的高亢有力,而苏州人的语调则会甜美柔软,但是交流的内容和目的是存在平衡的。那么将这种等量的平衡应用到服装设计中,若是这个设计作品上某些部分的色彩异常突出、强烈,那设计其他部分时,一定要选择平和、淡雅的色彩来与之配合,并降低这些辅助色彩的饱和度,来调整整体设计色彩上的平衡。①

根据人们交流习惯的不同,生活在同一地域的人们在语言表达的方式上

① 张雪娇.浅谈针织服装设计中"形式美法则"的应用[J].辽宁广播电视大学学报,2015(2).

也会存在语法使用不同的情况。一些人在讲话的时候习惯于把主语置于每句话的末尾,这便出现了本末倒置的效果。我们可以将这种本末倒置应用在服装设计中,例如一件服装的某一部分颠覆了传统服装的概念,设计将袖子部位以裤子的款式代替,那么为了达到这个服装设计上的平衡,便要在裤子的部位以袖子的款式来代替。

这种结合了中国语言文化中平衡内涵的服装设计,在遵循着形式美平衡法则的基础上,还取得了新颖的艺术效果和极大的趣味。在应用和研究时需要注意,创新的应用应该紧密联系服装设计主题和目标,合理地、有选择地应用。

二、传统文化在礼服设计中的具体应用

(一)民族款式造型在现代礼服设计中的运用

1.对称与均衡

对称与均衡来自于大自然的和谐属性,也与人的心理、生理以及视觉感受相协调,通常被称为美的造型原理运用于具体的服装设计中。

严谨来说,对称是一定的"量"与"形"的大概一致,物体形象中的"物理量"和"视觉量"的分配以及其"内在结构"和"外在形态"的分布状态相一致,其所关系到的重量、数量、面积的多少,即决定了对称的程度。因此有绝对对称和相对对称之分。

绝对对称是指在服装款式上有具体明显的结构分割线,比如垂直的门襟线,使服装在视觉感受上呈现左右对称。这种服装具有端庄、稳定的外形,视觉上有协调、整齐、沉稳、庄重的感觉,也符合人们一般的视觉习惯。

均衡也称为相对对称,虽然也是以中轴的门襟线为中心,但两边的布局并不相同,在视觉上具有变化又不失其和谐感,彰显出自由、活泼、变化的画面。如设计师范思哲将中国民族云纹图案元素设计于礼服右上与左下衣身处,虽然两个部位的图案面积大小不一样,不过相对对称的分布位置给人在视觉上和谐统一的感觉,富有活泼趣味。

对称与均衡的造型结构形式在各民族的服饰中随处可见，对称的事物给人端庄静穆、统一和谐之感；均衡的事物则给人生动灵活与律动感。在设计上要强调对称与均衡形式并结合运用好，会令设计作品更加生动。

2. 比例与尺度

比例与尺度是服装造型结构中的内在抽象关系。服装整体与局部及局部与局部之间的关系称为比例，比例在人们长期的生产实践和生活活动中一直存在着并以人本身为尺度标准。[①]在美学角度中，尺度就是标准和规范，其中包含体现事物本质特征和美的规律。也就是说，在服装设计要素中要有一个适当的比例标准，而这个标准就是符合美的规律和尺度。

和谐的比例可以给人以美感，让观赏者觉得舒适。很多民族服饰通过服装的长短、大小、宽窄、粗细、厚薄等方式组成和谐又有新意的服饰，这无疑是比例在服装设计中重要性的完美体现。云南傣族民族服饰就是以其完美的比例设计而闻名，傣族的姑娘不仅身材苗条，面容娇美，而且其服装造型也美丽独特。西双版纳傣族女子喜爱穿圆领窄袖衫，上衣有大襟与对襟之分，袖子细长，衣衫合体紧身，长度及腰部，露出少许脊背，若隐若现。下身配长到脚背的筒裙，再系上一条精致的银腰带，很好地使上衣和筒裙形成连接，整套服装显得整体和谐。这种短衫长裙造型上窄下宽，让傣族女子显得婀娜多姿，充分展现了女子的“三围”美。现代礼服设计中运用这一比例分割手法来体现造型美的实践比比皆是，如设计师张志峰借鉴傣族妇女服饰上下装分割比例造型与现代礼服设计，从视觉上拉长了穿着者的身高比例，这也是现代设计师最常用的比例分割关系。[②]另外，模特腰间加上红色宽腰带装饰，不仅在色彩、造型两方面让礼服产生联系，而且起到了修饰女性纤细腰身的效果，更加凸显了女性高挑，凹凸的曲线美，尽显东方女性神秘魅力。

---

① 截平. 论民族服装的款式造型[J]. 戏剧艺术，2001(3).

② 郝学峰. 创意民族服装设计[J]. 纺织报告，2022(8).

(二)民族色彩在现代礼服设计中的运用

1.民族色彩的直接导入

将中国民族服饰色彩中的某一色相直接应用于现代礼服中,这是对民族服饰色彩最为直接的应用,也是最能体现这个特色的因素。随着各大时装周的纷纷落幕,民族风服饰逐渐兴起,斜襟黄色长袍的灵感来源于蒙古袍,蒙古族喜爱鲜艳浓郁、对比强烈的服饰配色,故蒙古长袍通常以大红、土黄、深蓝等色作为主基调,该礼服无论在色彩的选取还是款式的借鉴中都直接运用了蒙古袍元素,别具匠心的半侧腰带是整件礼服的点睛之处,使得礼服整体感觉简单优雅而又不觉单调。在面料上,设计者选取了垂坠感好的半透明雪纺纱,这样的创新打破了直接借鉴蒙古袍色彩与款式的生硬。

现在,我们的用色习惯和审美标准仍受民族服饰色彩文化的影响。如今,民族服饰色彩已经成为中国色彩的标志性符号,并且以“引领军”的角色带领中国服装设计登上国际服装舞台。不仅本国设计师可以运用好中国民族色彩文化,国外服装设计师借鉴中国民族服饰元素进行礼服设计的成功案例也不在少数。

2.民族色彩的重新构成

对民族服饰色彩的重构是指在了解民族生活习惯、风俗神话、色彩内涵的基础上寻找民族服饰色彩与设计作品间的内在联系,概括、提取他们之间的共同特征,再用现代的设计手法将民族服饰色彩元素巧妙地应用于礼服设计中。

在重构中国民族服饰色彩进行现代服装设计时,我们可以打破常规,结合现代科技,将民族服饰色彩以形变而质不变的方式表达出来。如在民族传统文化中,民族同胞经常用平涂的方法将面料染色或撇丝的方法在面料上织花,在这里,我们仍旧可以运用民族配色方案,但在表现手法上可以采用涂鸦、泼墨、水彩速写、油画涂抹等手法,又或者结合电脑制作中马赛克、素描、渐变等效果。这样可以使民族色彩的表现更为生动活泼、富于层次和变化,从而产生新的生命力。

现代科技的不断发展和进步使中国民族服饰色彩在现代礼服设计中的创新应用手法有了更多的选择，也为我们在对民族服饰色彩进行再创造开辟了更广阔的空间，使原来不可能产生的色彩效果变为可能。

对民族服饰色彩的重新构成的另一种方法是将民族服饰色彩与现代流行服饰色彩结合运用，使二者在融合中相互区别，在不同中又融洽和谐。其具体做法是在运用设计中，分别将民族服饰色彩与现代色彩作为主色与辅助色进行使用，这样既可以体现民族服饰色彩文化，又符合现代人的时尚审美标准。

在现代礼服设计中借鉴民族元素首先要仔细查阅相关资料或进行实地考察，保证在了解民族服饰色彩文化内涵的基础上进行设计。分析其用色特点，总结其用色规律，提取其文化内涵，将这些设计要素与礼服定位相联系，仔细琢磨其在礼服中的应用位置与表现方法，跳出思维定式，努力在艺术表现与市场需求间寻找平衡点，并始终保持中国民族服饰色彩在世界色彩应用舞台上的独立性，创造出更多具有中国传统特色和时代特色的作品。[①]

① 郭运星.服装设计中传统美术色彩的运用[J].纺织报告，2022(3).

第六章 中国传统文化在现代旅游中的应用

伴随着时代的发展，中国传统文化逐渐融入现代社会生活中，并与旅游相融合。随着人们文化旅游观念的升级和多元化要求，游客不再满足于走马观花式的传统旅游模式，而是特别注重经典的传统文化氛围、独特的旅游产品。

第一节 传统文化与旅游活动

一、传统文化与旅游活动的关系

文化，特别是传统文化，作为旅游资源中人文旅游资源的重要组成部分，对旅游经济发展发挥着不可替代的作用。一方面是因为文化潜移默化地影响着人们的习惯，是旅游活动中旅游者和当地居民旅游行为的基础，另一方面是因为文化尤其是传统文化本身就是重要的旅游吸引物。

传统文化作为历史和社会发展积淀的载体，反映着一定时期、地域、人群的价值选择，在相当程度上影响着这一地域、人群的生产生活方式，对人们的社会关系和生产生活实践起着基础性作用，是旅游者了解异地的重要渠道和媒介。传统文化也是现代人学习历史，以史为鉴的重要来源，同样也是构成旅游吸引力的重要因素。因此，传统文化保护对于现代旅游发展至关重要。

像各种自然的事物一样，各种文化事物也是变化发展的，速度可能快，也可能慢。对正常的社会生活而言，文化变化太快和太慢都不是好事。变化太慢，有可能使持有相关文化的民族不适应变化了的大环境（自然的、政治的、经济的和文化的），停止发展，甚至灭绝。变化太快，则有可能使持有相关文化的民族无所适从，甚至彼此之间产生分裂，相互敌视。因此，如有可能，有意识地将某些文化（如语言、文字、道德）加以保存，或将它们保存在一定的变化范围内,是十分必要的。这不仅对同代人组成的社会是必要的,而且对由世世代代人组成的社会也是必要的。

现代旅游经济的发展一方面促进了传统文化的传承与保护,通过将文化作为旅游资源进行开发利用,形成文化旅游产品,吸引旅游者,为当地文化和旅游目的地树立良好形象,创造良好的经济利益的同时,也激发当地人对本地、本民族文化,特别是传统文化的再认识,激发他们更深的文化认同感,促使当地艺术、手工艺和传统文化活动的复兴,再现当地居民的社会文化生活面貌,恢复当地的传统建筑,促进对具有审美和文化价值的突出景观地区进行保护,从而致力于文化的保护与传承。但另一方面,现代旅游经济的发展也对传统文化的传承保护造成了巨大冲击。面对现代旅游经济发展的冲击,旅游业的发展不仅没能有效保护地方特色和文化生态,反而使得传统文化面临消亡的威胁。因此,代际正义要求每一代人必须要考虑为下面几代人合理保护文化传统。

参考《全球旅游伦理规范》第四条,我们可将文化资源利用的代际正义规定为:①旅游文化资源属于人类的共同财产,不同代人对它们具有特定的权利和责任。②每一代的旅游政策的制定和旅游活动的开展应当尊重文化遗产,对这些遗产应当保护并使之世代相传;应当精心地保护和修缮纪念物、殿堂和博物馆以及历史遗迹,这些地点必须对旅游者广泛开放;应当鼓励私人拥有的文化财产和纪念物向公众开放,并尊重其所有权,同时也鼓励宗教场所在不妨碍正常宗教活动的前提下向公众开放。③文化场所和纪念地从接待游客中所得资金,应当至少有一部分用于这些遗产的维修、保护、开发和美化。④旅游活动规划应当使得传统产品得以生存和繁荣,而不是使其退化或变得千篇一律。

从不同利益相关者角度出发,当地政府、当地社区居民、旅游企业以及旅游者在传统文化保护中也发挥着不同的作用。作为传统文化保护的主导力量,当地政府应积极发挥引导作用,进一步加强传统文化资源的调查与研究,通过建立传统文化展示馆、传习馆等方式进行馆藏保护;加强传统文化的数字化保护,尤其针对濒危传统文化实现动态跟踪与保护记录;开展传统文化学术研究,促进相关学术成果出版,进一步推动当地传统文化的传承与传播;健全传承人保护机制,切实保护传统文化的传承方式与手段,加强传承人生活保障扶持,为传承人创造良好的传承环境,激发传承人对传承传统文化的热情。作为社区传统文化保护的直接参与者,当地社区居民应加强自身的文化自豪感、归属感,提高对当地传统文化的认识,自觉保护当地传统文化,对当地具有生产性质和特点的传统文化采取生产性保护方式,增加经济收益,提高自身对传承、弘扬传统文化的积极性,推动传统文化保护融入当地村民的生产生活,最终实现旅游经济和社区发展统筹兼顾、共同发展。对于旅游企业而言,应强化企业作为社区"企业公民"的社会责任意识,牢牢把握"可持续发展"理念,凡事为社区居民着想,处处以保障他们的利益为己任,切实通过旅游开发与旅游经营为社区的生态环境、传统文化保护与经济社会全面、可持续发展作出积极贡献。对于旅游者而言,应从思想意识与行为实践等方面对自身加以约束。在进入旅游目的地之前,尽可能多地了解当地的传统文化,特别是了解文化差异与社会禁忌,杜绝因"猎奇"想法而导致旅游目的地脱离文化生境的舞台化表演;同时,应转变旅游者的身份,摒弃"走马观花"式的旅行方式,深入当地社区体验当地的传统文化,增强旅游体验度,从而进一步推动当地传统文化的原真性保护;还应力所能及地保护当地的传统文化,呼吁更多的旅游者去保护旅游地的传统文化,以促进传统文化的可持续发展。

总之,在旅游活动的开展中,代际正义不仅要求我们必须将一定品质和数量的自然资源传给下一代,还要求我们将一定品质和数量的文化资源传给下一代。

二、传统文化与旅游管理

(一)中国传统文化与旅游管理的联系

我国是文明古国,从古至今形成了许多具有自身特色的东方文化。在我国的传统文化之中,有许多的核心内涵即便是用当代的眼光来看,也有着十分重要的意义。而我国的文化旅游业实际上也获得了良好的发展，一些以儒释道文化为基础的旅游地区也得到了越来越多的人的青睐。在文化旅游的过程中，人们对于精神层面往往有着更高的需求，因此会更热衷于去了解我国传统文化的魅力所在。我国传统文化赋予了我国旅游行业更多的文化内涵，也使得我国旅游行业获得了进一步的发展。一方面，依托于传统文化所开展的旅游，其内容更为丰富，人们在欣赏美景的同时，也能够置身于传统的历史背景之下，使旅游的意义更为丰富。另一方面，旅游行业的快速发展，也给传统文化解读提供了一个新的平台和渠道，可以帮助更多人更好地了解我国的传统文化，使我国优秀的传统文化能够得到进一步继承与发扬。

(二)中国传统文化在旅游管理中的应用

1.加强人才队伍建设

把中国传统文化与旅游景点等相结合，对于我国旅游行业的整体发展有着极其重要的意义。基于传统文化开展的文化旅游，在以往导游讲解游客旁听的基础之上，增添了一些富有地区文化特色的新型旅游方式。在这种旅游方式开展的过程中，对从业人员也提出了更为严格的要求，为了给人们提供更好的旅游服务，作为从业人员还需要不断加强自身对于传统文化的了解。如果旅游管理人员本身对于传统文化都不够了解，自然也就难以为游客们进行更为详细的介绍。另外，如果基于传统文化来开展文化旅游，旅游管理人员还需要把传统文化作为旅游过程中的主要输出内容。基于此，作为旅游管理人员，还需要定期开展文化学习，要对各个地区的传统文化等有所了解，只有这样才能够为本企业打造出一个更为专业的形象。除此之外，旅游管理工作中实际上还包含了我国各类院校对旅游管理专业传统文化科目的增设，就是要求各高校在开设旅游管理课程的时候，还需要在其中积极融入传统文化，这对于促进我国旅游行业的健康发展而言有着十分积极的意义。

2.合理规划特色文化旅游产业

从我国现阶段旅游行业的实际发展情况来看，传统文化的作用是十分关键的。各个地区在发展旅游资源时，需要制定更为科学的管理方案，并且在保证当地文化特色的前提之下，对旅游的潜力区进行科学划分，打造出旅游与传统文化为一体的新型旅游模式，不仅可以推动当地旅游业的发展，同时也能够有效促进我国传统文化的传播。另外，在开展此类文化旅游的过程中，为了进一步提升传统文化的传播效果，旅游企业还应把文化元素以更为科学的方式融入旅游管理之中。如今人们越来越注重精神文化层面的需求，而传统的风景观光旅游显然已经难以满足人们的实际需求了。旅游企业需要对当地融合了一定传统文化的旅游产品进行充分展示，让游客们能够深刻体会到文化旅游的魅力所在。与此同时，还可以尝试结合当地的文化特色等，设置一些具有一定象征意义的周边产品，进一步增强文化旅游在群众中的影响力。

3.丰富旅游形式，提高服务水平

当前人们的生活水平越来越好，在物质生活基本得到满足的前提之下，旅游已经成为了人们日常文娱需求的一项重点内容，我国的旅游行业在近几年也获得了较为迅速的发展。对于旅游行业而言，如果不能够依据时代的发展特点，及时对现有的旅游形式进行丰富，势必会难以满足游客们的实际需求。基于此，在开展旅游管理这一工作时，可以尝试把较为现代化的旅游与我国的传统文化进行结合。在这一过程中，从业人员需要尽量站在游客的角度去进行思考。一方面，在开展旅游管理的过程中，对不同历史时期的景点等进行合理规划，以求能够为游客们带来更为良好的体验。另一方面，需要注重对各类旅游文化景点的开发，比如可以依据当地特有的风土人情，对文化旅游的资源进行更为深入的挖掘。在这一过程中，服务水平的作用是不容忽视的。服务水平本身就是旅游管理工作开展的主要目的之一。从业人员还需要以为游客提供更为满意优质的服务为宗旨，使游客在旅游的过程中，既可以感受到传统文化的魅力，同时也可以对相应的旅游产品给予肯定。

第二节 传统文化与旅游融合发展中存在的问题与对策

一、传统文化与旅游融合发展中存在的问题

(一)缺少特色文化旅游产品

在打造旅游项目的过程中,当地的风土人情及文化内涵往往需要借助具体的物品展现出来。虽然游客可以通过欣赏物品来体验当地文化,但大多数游客依然希望能够购买商品留作纪念。因此,特色文化旅游产品的重要性不言而喻。但是目前一些地区的特色文化旅游产品并未展现出应有的价值,仍然保留着传统的销售模式,导致游客在前往景点购买一些土特产后便再无其他选择。而土特产本身属于初加工产品,虽然能够在一定程度上体现当地的文化特色,但其增值效果却较为有限。此外,纪念品商店、小作坊的民间手工艺品水平也很有限,难以展现出其中蕴含的文化价值。这些产品与同类型的非文化旅游产品相比毫无竞争力可言,直接导致了文化旅游融合发展受到制约。

(二)文化旅游产业定位不明确

每个地区的文化特色都各不相同,导致每个地区的文化旅游产业呈现出较强的差异性。例如,内蒙古的风土人情及自然环境导致其文化旅游产业更加偏向于游牧体验,而丽江的文化旅游产业则因为当地秀丽的风光更加偏向于人文体验。但部分地区在进行文化旅游融合发展时未能明确合适的定位,容易盲目模仿其他地区发展较好的文化旅游产业模式,导致当地文化旅游产业缺乏自身特色。这种“山寨”的文化旅游产业不仅使得游客的文化旅游体验千篇一律,而且极大地制约了文化旅游产业融合发展。[①]

(三)文化旅游线上服务发展不足

信息化技术在文化旅游当中的应用价值较高,不仅能够将旅游服务通过

① 赵鸣,徐洪绕,郝一川.全域旅游视域下连云港文旅融合发展存在的问题及对策[J].连云港师范高等专科学校学报,2020(3).

线上的模式提供给游客，方便游客了解景点信息、景点活动，同时能够跨地区、跨时空让目标人群在线上体验景点以及当地的风土人情。但目前许多地区并未充分发挥信息化技术的优势，除了利用景点公众号发放电子门票以外再无对信息化技术的应用，这样不仅无法顺应时代潮流、提高用户体验感，而且会对用户留存率乃至地方文化传播效果造成影响。

(四)专业的文化旅游人才匮乏

虽然目前各高校都在积极培养旅游专业人才，但是发展全域旅游和文化旅游融合所需的专业人才依然较为匮乏。大部分学生还在接受传统的“小旅游”模式教育。以导游专业为例，学生所学的依然还是固定线路、固定景点的导游讲解，难以与现如今的文化旅游及全域旅游模式相匹配，导致学生在走上实际工作岗位后，依然无法满足岗位的实际需求。

二、传统文化与旅游融合发展的对策

(一)开发特色文创产品

在特色文创产品开发方面，各地区文化旅游产业应将当地的文化特色作为产品的核心卖点。首先，文化旅游产业应当抓住地区特色文化，将当地最具辨识度和标志性的文化作为特色文创产品的开发方向。[①]其次，文化旅游产业应当根据当地标志性文化的类型，来确定特色文创产品的类型。例如，部分地区的标志性文化是某种手工艺品，那么就可以通过对该手工艺品进行创新设计，打造当地的特色文创产品。再如，部分地区的标志性文化是大型建筑或建筑群，那么在打造特色文创产品时便可以将建筑或建筑群的外形融入产品。再次，文化旅游产业应当着重提高特色文创产品的品质，使其从粗加工转为精加工，从而让游客感受到当地文化的魅力。最后，文化旅游行业可以推出“个人+产业”的双重特色文创产品开发方式，这样既可以保留产品的多样性，还可以提高产品的品质及价值。

① 王悦.全域旅游视角下文化旅游发展对策研究[J].旅游纵览(下半月)，2020(8).

(二)展现地方特色文化

利用声、光、电等强烈视觉刺激的现代舞台科技,带给游客叹为观止的视觉盛宴,从而达到招徕游客、带动地方经济发展和传播地域文化的目的。重点打造精品节目,如新疆的《千回西域》,作为新疆最高水平的立体全景式主题表演,充分展现了新疆的民族风情,借助高科技虚拟现实舞台技术给游客强烈的视觉震撼;浙江乌镇的戏剧节,依托乌镇丰厚的文化底蕴和独特的自然景观,囊括众多中外剧目,吸引了国内外众多游客前来欣赏,乌镇戏剧节实现了推广戏剧文化和进一步发展江南小镇的双重使命①;丽江的《丽江金沙》,作为丽江第一部全面反映云南民族风情的大型文艺演出,运用国内一流的舞美设计、灯光设计、舞蹈诗画的形式,诠释了滇西北高原的独特风情,将云南各地的风土人情艺术化地呈现给了观众;杭州的大型歌舞《宋城千古情》,作为杭州宋城景区的灵魂,采用先进的声、光、电科技手段和舞台技术,如梦如幻地展现了许仙白蛇的动人故事、岳家军的惨烈、宋皇宫的辉煌。运用极具创意的表现形式,既使游客无形中领略当地文化,又带给游客绝妙的视觉体验和心灵震撼,进一步提升旅游目的地的传播力和影响力。

(三)开发多样化的线上服务

在全域旅游视角下,文化旅游融合应当依靠多样化线上服务来提高游客的旅游体验。首先,相关部门可以建立当地一站式旅游服务平台,使外地游客只需搜索小程序即可登入查看当地的旅游景点、美食服务、住宿信息,省去游客到处查找信息的困扰;其次,相关部门可以利用VR、AR技术开发线上云旅游功能,让目标人群在手机上即可享受当地壮美景色和独特文化。

(四)培养专业的文化旅游人才

鉴于现如今文化旅游行业的人才数量不足,专业能力较弱,各地区都应当培养一批拥有良好专业能力的文化旅游开发规划人才。首先,当地文化旅游企业可以与高校展开广泛合作,为高校提供行业发展信息及企业用人实际需

① 张海洲,王啄,陆林.基于内容分析的乌镇戏剧节微博营销研究[J].旅游研究,2016(5).

求，并且为高校提供部分教学资源。高校则可以根据企业需求制定适合的教学计划，并将学生定向输送到企业实习，从而形成良好的校企合作关系，提高旅游行业人才的专业水平。其次，高校也应当针对当地特色文化对学生进行培养，帮助学生掌握地方文化精髓，为毕业后从事文化旅游融合开发工作打下良好的基础。最后，高校应当定向培养适合当地旅游业的人才，从而为当地的文化旅游行业提供源源不断的新鲜血液，促进文化旅游融合发展。

第三节 中国传统文化与乡村旅游的思考

一、我国乡村旅游的发展现状

乡村旅游是一种新的旅游形式，其主要以乡村独特的自然生态环境、农业生产经营活动、民俗风情等为旅游资源，吸引游客前来观光，这种旅游形式对于长期生活在城市的人们有着较大的吸引力。

目前，我国乡村旅游的开发模式主要分为以下四种：第一，田园农业旅游。该旅游模式主要依托于乡村自身的自然生态环境，使游客能够近距离地接触和感受乡村环境，从而为游客提供独特的旅游体验。第二，农家乐。该旅游模式主要通过提供特色美食的方式来吸引游客，满足游客的吃住需求。第三，民俗文化村。该旅游模式则是通过举办特色民俗文化活动，来传播当地的民俗文化，吸引游客来了解当地的民俗文化。第四，休闲度假旅游。[①]该旅游模式是将乡村与先进设备进行融合，从而为人们提供更好的旅游体验。因此，要想发展乡村旅游，相关部门应在保护和传承当地传统文化的基础上，利用传统文化来吸引人们的广泛关注。将传统文化有效融入乡村旅游，合理地开发乡村旅游产品，不仅能够提高当地居民的经济收入，还能够为乡村建设提供助力。

二、传统文化与乡村旅游结合的积极意义

（一）增强民族文化自信

中国传统文化历史悠久，积淀醇厚，不仅在各种文化遗址、古典建筑物、古

① 熊盛强.关于乡村旅游与传统文化保护传承的融合发展策略思考[J].旅游与摄影,2021(13).

董文物等物质文化遗产中熠熠生辉，也同样闪烁在民族艺术、传统习俗、风俗文化等非物质文化遗产中。在当前全球一体化大背景下，世界各国文化交流频繁，许多外国友人来中国旅游，走入中国乡村，他们能够看到江南烟雨中的古镇、千户苗寨的蜡染、武隆火炉铺龙溪古码头，感受世外桃源。以传统文化为媒介，吸引外地游客来中国旅游，将传统文化传播至世界各地，又通过中国游客境外旅游展示中国形象，促进文化交流融合。

(二)保存乡村资源

要想传统文化永葆活力，必须做到与时俱进，结合当代生产发展方式，与文化进行融合创新。乡村旅游与传统文化的结合离不开值得开发的宝贵乡村旅游资源，以及能使游客产生共鸣，吸引其文化审美的乡村旅游资源，可以是观赏资源，也可以是某种民俗风情。例如，云南泸沽湖地区的女儿国风情，游客可以在观赏自然风光时，对其民俗习惯产生审美满足，以外在形式激化内心对诗和远方的向往，填补人生经历中缺失的“探索感”和“神秘感”。所以，乡村旅游要想吸引游客赚取经济效益，就必须开发能够产生差异的传统文化资源，从而让游客体验到前所未有的新奇和神秘。

(三)增强文化自觉

乡村旅游业在服务地方经济的同时，也能够提升当地人和游客的传统文化保护意识，增强文化自觉。他们不仅自觉保护世代留下来的人文景观和民俗文化，还会发自内心地对外宣传传统文化，真正发挥文化的传播与交流价值，形成自觉保护传统文化的责任心和使命感，加强文化信念，进而让传统文化永葆活力。少数民族聚集地拥有大量可开发的旅游资源，古城文化与游牧文化等吸引着众多游客慕名而来，还能够促使当地政府出台相关政策加强对传统文化资源的保护，进而推动文化传承与发展。

三、中国传统文化与乡村旅游融合发展的路径

(一)加大智力支持

传统文化与乡村旅游融合，要突破现有模式，持续加大人才和智力支持。

各地要深入挖掘乡村旅游资源,保护和传承乡村文化,设计规划乡村旅游,开发旅游产品和项目,让乡村旅游蓝图变成现实,使乡村旅游有序发展。一是乡村旅游专业人才的引进和培养。乡村旅游的发展,在当前大多是政府引导,这在乡村旅游专业人才的引进方面有优势。地方政府可以进行整体规划和设计,制定相关旅游人才引进激励机制和完善的人才保障制度,结合旅游地的特色引进旅游专业人才。地方政府还要加大投资力度,对乡村本土旅游人才进行培养。培养乡村旅游专业人才要充分发挥相关大专院校的优势,通过制定乡村旅游人才培养目标、设置相关专业和课程等,为乡村旅游发展培养高素质、技能型的专业人才。二是新型旅游职业农民的培育。传统文化与乡村旅游融合发展,要有本土化人才作为支撑,要有掌握旅游职业技能、具备旅游经营管理能力的新型旅游职业农民。通过培训和学习,培育更多的乡村旅游经营户、乡村旅游创意人员、乡村旅游带头人、乡村旅游导游和讲解员,提升他们的专业素养和职业技能。三是传统文化传承人的保护和培育。坚定乡村文化自信,让更多人重视、审视乡村传统文化的价值,自觉传承乡村传统文化。开设相关传统文化传承人学习班,让他们系统学习相关知识和技能,让传统文化一直传承下去。利用现代传播媒介加大宣传力度,让更多人感受到乡村传统文化的魅力,自觉传承乡村传统文化。四是复合型人才的培养。传统文化和乡村旅游融合发展,需要复合型人才,既有文化和乡村旅游专业素养,又要懂得乡村旅游管理和文化管理。

(二)加强对乡村传统文化的传承和保护

传统文化是乡村旅游业发展的重要资源。我国乡村传统文化资源丰富,各具特色。以乡情乡愁为纽带,发展乡村旅游经济。传统文化与乡村旅游融合发展,必须积极保护和传承乡村传统文化。首先,规划和设计乡村旅游产品和项目时,要考虑乡村传统文化资源的保护和传承工作,不能为了迎合游客的需求盲目开发,不能破坏古村落的原始风貌、古建筑的原始艺术,或使传统文化形式异化、过度商业化等。其次,规划和设计乡村旅游产品和项目时,要充分利用乡村传统文化资源，特别是具有特色的传统文化资源。通过这种方式加大对传统文化的保护和传承，同时进一步强化乡村传统文化的扩散，使更多人了解并宣传传统文化。比如，对记载着中华民族历史记忆的传统古村落、古建筑、历史文化古迹等，一方面，加强对它们的保护，保持原始风貌，避免现代化，把表达农耕文明和传统文化的一些器物集中起来，供游客参观体验；另一方面，对它们进行规划和设计，纳入乡村旅游的范畴，设计好旅游线路，提供良好的旅游讲解服务。对于非物质文化遗产，在规划和设计乡村旅游产品和项目时，要为它们提供表达和传承的平台。比如，建设文化大礼堂、村史馆、文化馆或博物馆，把一代代口耳相传的乡村历史记忆转化为文字、音频、视频等，用现代的方式传承历史。又比如，在旅游地利用节庆组织非物质文化遗产的表演活动，或者举办文化节、艺术节等活动，通过这些活动表达和传承传统文化。

（三）深入挖掘乡村传统文化特色资源

乡村旅游最大的特点是自然性，体现在乡村原始的自然景观和田园风貌、乡村原始的农耕文明，以及千年农耕文明孕育出的乡村传统文化，包括传统节庆活动、民风民俗、文化古迹、古村落、乡贤文化、家风家训等。每个乡村的农耕文明历史不一样，传承的文化也形态各异，各具风情和意蕴。在发展乡村旅游业时，要深入挖掘旅游地的特色传统文化资源，系统梳理，发掘出其优秀的文化内涵和社会价值，加大传承和保护力度。同时，从旅游开发的角度对其进行整体设计和规划，打造形式多样、特色鲜明的旅游产品或项目，把特色传统文化资源活化。通过有效开发乡村传统文化特色资源，让游客在旅游过程中体验农耕文明，体会乡村传统文化蕴含的价值，发挥乡村旅游的社会功能。在挖掘乡村特色传统文化资源的基础上，使之与乡村旅游的其他项目结合起来，创新乡村传统文化传承与旅游产业融合新模式，形成产业链，促进以特色传统文化资源为中心的乡村旅游综合性产业的发展。

（四）多元利益主体协同作用

传统文化与乡村旅游融合发展涉及众多利益相关者，当地村民、村委会、地方政府、游客、旅游企业，分别扮演了不同角色，构成一个复杂的利益关系网络。传统文化与乡村旅游融合发展要协调平衡相关主体的利益，让他们协同发力、共同合作促进传统文化与乡村旅游融合发展。地方政府是主导者，是制度供给者，也是监督者和管理者，要充分发挥“有形的手”的作用，适度干预。如结合各乡村的传统文化特色资源，制定有针对性的传统文化与乡村旅游融合发展战略；制定相关政策和制度，健全市场规则，规范乡村文化旅游市场经营秩序；为乡村旅游薄弱环节提供资金和技术支持；利用社会力量提供乡村旅游基础设施等公共产品和服务；利用新时代文明实践中心、农家书屋、文化大礼堂等开展文化活动，引导村民自觉传承和保护传统文化；对破坏传统文化、破坏环境的行为进行监管等。旅游地村民不仅与本土传统文化有深厚的情感，还与当地民风民俗、节庆活动、饮食文化等融入一体。他们是传统文化与乡村旅游融合发展的直接参与者，也是直接的获益者。村民要有自觉保护乡村传统文化的意识和行动，要有相当的旅游服务意识和服务水平，为游客提供较好的旅游体验。传统文化与乡村旅游融合发展要让旅游地村民真正参与其中。游客是消费者，一方面要保障游客的合法权益，让游客能享受到质优价廉的产品和服务；另一方面，游客要提高文明素养，加强行为规范，实现文明旅游。乡村旅游企业众多，要健全制度，良性竞争，引进专业的经营管理人才，提升乡村旅游开发和经营能力，实现经营管理规范化和制度化。

四、文化创意产业与乡村旅游的融合发展

(一)文化创意产业与乡村旅游融合发展的原则

1.坚持以市场需求为导向的原则

乡村旅游的开发思路必须改变，依托资源进行开发的形式必须转变，只有把市场需求作为开发的导向才能实现乡村旅游的可持续发展。面对旅游者持续变化的需求，只有以市场为导向的开发模式才符合乡村旅游的发展潮流，才能帮助乡村旅游地获得更大的经济效益。[①]随着我国社会进入加速发展

① 卢云亭.两类乡村旅游地的分类模式及发展趋势[J].旅游学刊，2006(4).

阶段，旅游者的需求也出现了显著变化，日益生态化、休闲化、主题化，而我国乡村旅游的发展现状却无法与之相适应。因此乡村旅游产业在与文化创意产业融合发展时，必须要进行深入的市场调研，洞察市场的动态，预测市场需求。并以此为依托，结合乡村旅游与文化创意产业发展的现状，请求政府的政策、资金、信息等方面的支持，确定乡村旅游与文化创意产业融合发展的路径、策略。最终实现乡村旅游与文化创意产业的高效融合。

2. 坚持全面融合的原则

乡村旅游与文化创意产业的融合绝对不能是蜻蜓点水、浅尝辄止，必须要从方向上实现纵横全面的融合，从程度上实现深入彻底的融合。横向上，在产业交叉区域，首先进行产业的融合开发。纵向上，乡村旅游与文化创意产业的融合应贯穿整个产业链的始末，从原料供应环节的融合、产品研发环节的融合、市场拓展环节的融合到信息反馈环节的融合，努力打造特色鲜明、具有显著竞争优势的新产业链，甚至是依据产业链的形成发展产业基地和产业集群。①

3. 坚持可持续发展原则

乡村旅游与文化创意产业的融合发展，是乡村旅游发展的必然趋势，也是实现乡村旅游转型升级的重要途径，更是实现乡村旅游可持续发展的重要手段。乡村旅游可持续发展包括乡村经济、社会、生态、文化的可持续发展。因此，乡村旅游与文化创意产业的融合不仅要重视经济效益，更要重视社会效益、环境效益以及文化效益。必须以生态为前提、以文化为主题、以特色为基础、以人为核心、以产品为载体、以体验为品质，乡村旅游业才能真正实现可持续发展。

4. 优势主导原则

乡村旅游与文化创意产业的融合发展，首先必须发挥各自优势，扬长避短，实现优势强势联合。一方面，发挥乡村旅游地区的环境、生态、土地、民俗等优势，文化创意产业的文化、创意优势，立足于乡村旅游地区的特色与优势，

---

① 王云才. 中国乡村旅游发展的新形态和新模式[J]. 旅游学刊，2006(4).

对乡村旅游地区的文化进行深入的挖掘,运用创意这一华丽外衣进行有特色的包装,并运用创意性的营销方式,因地制宜,塑造具有区域特色的融合新产品和新服务。另一方面,整合地域优势、产业优势,设计开发优势产品和项目,打造优势品牌,实现优势品牌带动作用。总而言之,乡村旅游与文化创意产业融合时,必须坚定优势主导的融合原则。

(二)文化创意产业与乡村旅游融合发展的路径

1.淡化乡村旅游产业边缘,实现灵活产业融合

乡村旅游产业一个很重要的特征就是产业边缘淡化、产业边界不强,这为乡村旅游与文化创意产业的融合发展起到了基础性的保障。在进一步推动区域乡村旅游发展的进程中,可进一步考虑淡化乡村旅游产业边缘以实现乡村旅游产业更为灵活的产业融合发展模式。[①]与此同时,文化创意产业与乡村旅游的融合发展并不是无限度的持久的融合,针对不同发展阶段予以灵活的融合发展才能达到预期的效果。

2.提高科学技术水平,实现便捷产业融合

某项高新技术的融合运用就能够使得产业之间的融合更为方便快捷。通过提高科学技术水平,产业之间的融合有了更多的发展机会。并且通过技术水平的提高,还能够改善乡村产业以及相关产业的竞争优势,提升乡村旅游产业的竞争力。对乡村旅游产业而言,技术进步能够开发出一些具有替代关系或有关联性的产品,将这些新的产品与理念延伸渗透入融合后的新业态中,又能够很好地改变乡村文化旅游产业的发展路线,丰富乡村文化旅游产业具体发展的形式,从而使得乡村文化旅游产业内外的融合发展得到不断的扩展与延伸。因此,科技水平的提高,能够实现乡村文化旅游产业间更加便捷的融合发展。

3.放松产业管制,完善跨界治理机制

乡村旅游是一个民生性产业,政府应放松产业管制,宽松的产业发展环

---

① 刘明广.浅谈创意产业在旅游产业发展中的作用[J].投资与合作,2010(10).

境，才能够吸引人才向乡村旅游地区流动，资金向乡村旅游地区汇集，科技向乡村旅游地区投入[①]，完善乡村旅游地区的资源要素，为产业融合的实现提供条件，做好准备。在产业融合的过程中，必然会导致规则制定、资源配置、分配制度等方面引发的不均，所以在产业融合中尤为重要的是尽可能完善跨界治理机制。这一机制必须首先确保有效协调各个利益集团，并实现集团间的联动发展，以集团共同制定的发展目标为依据，选择符合双方共同利益的管理模式，最终实现乡村旅游资源的科学有效配置。具体来说，从三个方面落实：第一，建立一个凌驾于产业管理主体之上的部门来实现统一指导，如乡村旅游发展指导委员会，实现资源的统一调动、配置、部署等，便于快速提升产业品质。第二，创建灵活实用的奖惩机制，调动各个利益集团的发展动力，同时实现利益分配的科学规范化平衡，可以根据发展的需要以及发展的阶段，有针对性地采取灵活有效的激励政策。可以设立诸如市场开发、产品营销、创意人才引进等基金，如“产业融合市场开发基金”“融合型产品营销基金”“创新性旅游人才引进基金”“旅游环境改善投资基金”等。第三，建立有效的监督机制，主要通过一系列法规制度的完善来实现对相关利益主体的行为约束和监督。

4.借力乡村文化旅游产业园区，实现多元产业融合

乡村文化旅游产业园的基本特点是以人文遗存和生态文化资源为依托打造旅游景点或景区，但往往文化创意不足，主题庞杂，缺乏层次性，缺乏知名的园区文化品牌及品牌拉动效应，产业收入单一（门票）。当然，乡村文化产业园区也有自己的典型优势，有良好的产业融合氛围，有来自政策、制度、资金、人才的支持与保障，另外还有滋生艺术创作、文化创意的热土，有丰富多样的创作素材，并以此为资本来实现其产业集聚效应，形成特色的乡村文化企业部落，形成规模庞大的乡村文化旅游价值体系，逐步加速乡村文化产业间的融合

① 徐虹，范清.我国旅游产业融合的障碍因素及其竞争力提升策略研究[J].旅游科学，2008(4).

发展，培育文化特色，打造文化品牌。[①]乡村文化产业园区成为文化产业与乡村旅游产业融合发展的主要载体，在生产同一类产品或相关产品的基础上，共同分享同一市场，采用大致相近的销售方式、渠道，相互借鉴科技理念与技术支持，共享文化资源与人才资源，实现多元产业间的融合发展新态势。

5.加强产业协作，强化政策引导效应

旅游者需求日益呈现出多样性以及持续变化性，且乡村旅游产业边界日益模糊，因此，乡村旅游产业的融合发展具有多种模式，可以和诸多产业实现融合发展，包括生态产业、信息产业、科技产业、休闲产业、养生产业、文化创意产业等。所以，对于乡村旅游的产业融合，必须关注多个产业的发展动态，加强与其他产业在信息、技术、资源、营销等方面的合作与互补，发现并研究持续创新的融合可能与路径；必须关注旅游者的需求变化，以市场的需求作为产业融合的导向，打破长期存在的产业分离的思维定式，打开乡村旅游产业融合发展的思路和观念，推进符合旅游者需求的产业融合新产品与新服务。[②]当然，在产业融合过程中，联合出台的推进融合发展的政策十分必要。具体在措施上，可以从编制乡村旅游产业融合的发展规划、制定乡村旅游产业融合的原则与标准、评选示范性乡村旅游产业融合基地等方面做一些努力与尝试，为乡村旅游产业融合提供政策扶持、资金支持、环境营造等方面的帮助。

第四节　非物质文化遗产的旅游开发

一、非物质文化遗产的内涵与价值

（一）非物质文化遗产的内涵

“非物质文化遗产”特指那些“看不见”“摸不着”的人类财富，如传统工艺技术、传统表演技艺等，故而又被称为“无形文化遗产”。

非物质文化遗产指被各群体、团体、有时为个人视为其文化遗产的各种实

① 施永红.产业融合理论视角下长三角文化产业发展研究[D].上海：上海师范大学，2010.
② 马彦琳.环境旅游与文化旅游紧密结合[J].旅游学刊，2005(1).

践、表演、表现形式、知识和技能及其有关的工具、实物、工艺品和文化场所。各个群体和团体随着其所处环境、与自然界的相互关系和历史条件的变化不断使这种代代相传的非物质文化遗产得到创新,同时使他们自己具有一种认同感和历史感,从而促进文化多样性和人类的创造力。非物质文化遗产所涵盖的内容有口头传说和表述,包括作为非物质文化遗产媒介的语言,表演艺术,社会风俗、礼仪、节庆,有关自然界和宇宙的知识和实践,传统的手工艺技能。

(二)非物质文化遗产的价值

1.非物质文化遗产的文化精神价值

非物质文化遗产中深深蕴藏着所属民族的文化基因、精神特质,这些在长期的生产劳动、生活实践中积淀而成的民族精神,是世代相传沉积下来的民族的思想精髓、文化理念,是包括了民族的价值观念、心理结构、气质情感等在内的群体意识、群体精神,是民族的灵魂、民族文化的本质和核心。因此,在当今全球一体化的潜在威胁下,确保民族独特性、民族精神的代代相传,是每一个民族无法回避的重要任务。而非物质文化遗产作为人类文化传递和保存的生动、有效的手段、工具和载体,能够很好地将民族精神等文化信息传递到每一个人、每一代人这些活生生的载体上,从而造就一个有独特文化个性和崇高民族精神的伟大民族。

2.非物质文化遗产的科学认识价值

非物质文化遗产作为历史的产物,是对历史上不同时代生产力发展状况、科学技术发展程度、人类创造能力和认识水平的原生态的保存和反映。尽管每个民族的文化遗产中会有些迷信的、不科学的甚至不人道的东西,但这些终将随着人类文明的发展被自动抛弃。不过,这些东西可能存留了当时人们的思想认识水平、生活情感态度、科学发达程度、风俗信仰禁忌等社会历史文化内容,具有一定的科学认识和研究的价值。例如中国传统的风水文化,其讲究生理健康、心理健康和谐统一的人居观念,讲究天地人和谐统一的环境理念,就值得我们研究和继承。至于此后它向神秘主义方向发展的另一路径和内容，则是我们今天要摒弃的封建迷信。除了上述内容，非物质文化遗产的科学认识价值还指某些非物质文化遗产本身就具有相当高的科学含量和内容，有较多的科学成分和因素。例如民族传统历法，能较好地解决计时和指导农副渔业生产的问题，就具有相当高的科学内容和价值。

3. 非物质文化遗产的艺术审美价值

在非物质文化遗产中有许多天才的艺术创造、无与伦比的艺术技巧、独一无二的艺术形式，能深深打动人类心灵、触动人类情感。通过这些非物质文化遗产中的艺术作品，我们可以形象地看到当时的历史事件、人的生存状态和生活方式、不同人群的生活习俗，以及他们的思想与感情、艺术创作方式、艺术特点和艺术成就。例如中国民族传统服装、少数民族饰物、中国的漆雕艺术等。此外，非物质文化遗产中还有大量的文化艺术创作原型和素材，可以为新的文艺创作提供不竭的源泉。当代许多影视、小说、戏剧、舞蹈、设计等优秀文艺作品就是从其中孕育而出的，很好地发挥了非物质文化遗产的审美再创造功能，充分利用了其审美艺术价值。

4. 非物质文化遗产的社会和谐价值

人类是群居的社会化动物，个体都有一个适应集体、融入社会的过程。个体的社会化过程其实也就是个体学习族群独特文化，接受、适应并在这种文化中成长发展的过程。在这一过程中，个体接受了族群的独特文化，也就是对这个社会进行了价值认同，从而有效地融入社会而达到社会和谐。这样，作为鲜活的、丰富多样的文化资源，非物质文化遗产就有重要的社会认同、社会和谐的价值和作用。此外，非物质文化遗产中的某些传统文化内容，反映和表现了民族共同心理结构、思维习惯、生活风俗等内容，规范着民族的群体生活方式、思想价值取向，能产生强大的民族凝聚力，促进民族共识和认同，也具有重要的社会和谐价值。在当今社会中，人们更多的是追求个体价值的实现、个体利益的满足，这就在一定程度上导致了某些人唯利是图，不讲诚信，不讲道德，极大地败坏了社会风气，破坏了社会的和谐稳定，为此需要我们倡导传统伦理道德，鼓励向善的个人美德。而在非物质文化遗产中就含有大量的传统伦理道德资源。在保护、传承非物质文化遗产的过程中，撷取、展示、宣扬其中的美好向善的伦理道德资源和内容，将会对我们当今和谐社会的建设起到巨大的作用。

文化的国际交往有助于文化的交融和发展，对非物质文化遗产而言也是同样的。这就要求我们充分发挥非物质文化遗产的国际交往作用，通过保护非物质文化遗产来推动国际交往与合作，促进地区和谐与稳定。

二、旅游开发与非物质文化遗产之间的关系

（一）旅游开发丰富了非物质文化遗产的保护措施

旅游开发能够推动当地旅游产业发展，同时旅游产业的发展又能够带动当地经济的进步，从而实现经济发展与旅游发展相互促进的正向循环。可以说，旅游开发在一定程度上解决了非物质文化遗产保护中较为突出的一些问题。首先，旅游开发能够提高人们对非物质文化遗产的重视程度和了解程度，从而让非物质文化遗产得到更好的传承。其次，对非物质文化遗产的开发本身就是对其的一种有效保护，通过对非物质文化遗产的修缮，能够使其保持原有的外貌，让更多游客感受到非物质文化遗产所蕴含的独特魅力。最后，在旅游开发稳定推进的情况下，政府和有关部门也有更多的资金用于非物质文化遗产的保护，使非物质文化遗产的保护措施和旅游设施更加完善。通过旅游开发与非物质文化遗产保护闭环的建设，游客的旅游体验显著提升，非物质文化遗产的名声也得到提升，二者相互促进，相辅相成。

（二）旅游开发拓宽了非物质文化遗产的传承途径

旅游开发能够为非物质文化遗产景区提供更多的客流量，而更多的客流量意味着更高的知名度，这也为非物质文化遗产的传承奠定了良好的基础。在非物质文化遗产景区形成自身特色的旅游文化后，更有机会得到社会各界的广泛关注。以洛阳龙门石窟景区为例，龙门石窟的管理机构通过与数个国家和地区的专家开展学术讨论会，让龙门石窟走出国门，面向世界，随后得到了国际社会的广泛关注和支持，这也让更多国家和地区的人们看到了中国传

统文化的魅力,为非物质文化遗产的保护与传承作出了极为突出的贡献。

(三)旅游开发实现了非物质文化遗产保护与传承的统一

保护是为了更好的传承,对非物质文化遗产的保护也是为了让更多的人了解传统文化。但如何更好地保护非物质文化遗产,又如何让非物质文化遗产所代表的中国传统文化走出地区、走出国门、面向世界,是目前非物质文化遗产保护与传承过程中遇到的两大难题。[①]而旅游开发成功实现了传统文化保护与传承之间的统一,突出了非物质文化遗产本身的文化价值,彰显了中国传统文化的独特魅力。不仅有效地保护了非物质文化遗产本身的完整性,更让其背后蕴含的传统文化得到传承。以景德镇瓷器文化的保护与传承为例,江西景德镇通过文旅相融的形式,大量恢复了传统制瓷作坊和生产线,并聚集非物质文化遗产的传承人,在形成地域文化特色、对传统瓷器制作工艺进行保护的同时,使传统瓷器制作工艺得到了更好的传承和更大的发展空间。由此可见,旅游开发不但为传统文化的横向推广提供了有力保障,更促进了其纵向深入化发展,实现了保护与传承的有效统一。

(四)非物质文化遗产为旅游开发提供了基础

非物质文化的核心与当地风俗习惯和历史文化有着较大的联系,其本身就具有一定的文化底蕴。这种在游客看来较为独特,同时能够代表中华文化的奇特景色就有着十足的吸引力,部分当地人看来较为常见的内容往往能够吸引外界游客的注意。在这个过程中非物质文化遗产得到了弘扬,背后蕴含的中国传统文化也得到了有效传承。可以说,非物质文化遗产本身就具有较好的旅游开发潜质,只是需要结合当地情况,采取有效措施,使这种魅力向外界更好地展现。

纵观旅游行业的发展,不难看出相较于现代旅游景点而言,那些拥有较为丰富文化底蕴的非物质文化遗产的景区更有吸引力。因此,当地应注重对非

---

① 刘吉平,宋涛.汇通南北:丝绸之路陇南段非物质文化遗产传承与开发述论——陇南市非物质文化遗产旅游开发及其生态保护研究报告[J].地方文化研究,2020(5).

物质文化遗产的保护，以旅游开发为基础，放大这些非物质文化遗产的魅力，让更多外来游客了解传统文化，自觉弘扬传统文化，为保护非物质文化遗产贡献自己的力量。[①]

三、非物质文化遗产生态旅游开发的策略

（一）丰富传播模式

对于生态旅游项目、文创产品的开发创新一般需要从宣传模式创新开始，通过宣传推广来提升社会各界对其关注及重视程度，以此来为后期文化旅游发展奠定良好基础。在信息化时代，非遗生态旅游宣传推广方式主要包括以下三种：一是创设专属的非遗形象，合理利用多媒体与网络平台对其进行宣传推广。例如，将龙灯这一非遗产品的制作过程，舞龙、游龙过程用动漫形式展现出来，并在互联网平台当中全方位推广，激发居民兴趣，让游客愿意进行观光体验，动手制作龙灯。[②]二是开通文化村旅游营销账号，重点展示该区域传统手工技艺、民俗文化，定期在网络平台当中发布，引导人们前往该区域游玩，近距离接触非遗文化。三是全方位开展宣传教育，积极举办非遗知识比赛，借助比赛普及与非遗文化有关的知识内容。此外，还可充分借助高校设计专业、社会设计团队创新开发文创产品。非遗文化资源要想在新时代实现活态化发展，结合时代特征展开非遗文创产品开发不失为一种有益的措施，通过文创开发，可以有效发挥非遗文化的效益和功能，增强旅游商品的纪念性、文化性及实用性，既丰富旅游活动的内涵，又实现非遗文化的全面传承。

（二）合理规划旅游路线

结合区域旅游业发展趋势，提倡组织实施全域旅游，不断整合旅游资源，全面解决非遗体验活动项目不足的问题。[③]一是在热门旅游景点附近，鼓励和

① 刘佼.四川古镇非物质文化遗产传承与旅游开发现状[J].山西农经,2020(10).

② 韩璐，胡蒙师.民族非物质文化遗产旅游助推乡村振兴的路径研究：以三江侗族自治县为例[J].现代农机，2021(2).

③ 李斯颖.全域旅游视阈下壮族乡村文化资源保护与开发：以国家级非物质文化遗产“布洛陀”为例[J].社会科学家，2019(9).

引导社会力量投资建设与非遗文化相关的博览园、民俗小镇以及博物馆等，将非遗文化博物馆式保护体验、文化创意活动与乡村的热门景点有机结合，可以为游客提供丰富多彩的旅游内容，带来多元化的旅游体验。二是对于区域内部旅游景点雷同性相对较高的问题，从地理位置、游客类型、路线、旅游主题等各个层面进行分析与规划，将热门景点与非遗旅游有效连接，形成一个优势互补型的旅游线路，例如，让游客在欣赏古建筑、古城风景等的同时，又可以动脑、动手体验传统文化。三是构建专属的非遗旅游品牌。在非遗生态旅游开发过程中，以容易记忆、十分简洁并且容易诱发游客想象的术语、图形为核心，使游客心中形成非遗旅游形象，这也是吸引游客多次游玩的重要策略之一。①

（三）开发多元化非遗文化体验项目

体验经济重点强调用户体验，认为用户体验是产品的灵魂，可以为消费者提供丰富的内涵和感受，进而与消费者产生情感共鸣。体验感是在消费者内心形成的，实际上就是一个人生理、心理、精神、智力等处于高度刺激形态下产生的，不同消费者的体验各不相同。对于非遗来讲，非遗旅游主体为游客，其精妙之处也只有游客亲身体验才可全面感受。因此，在非遗生态旅游开发过程中，可以适当改变过往以参观为主体的旅游模式，开发、设计一种以非遗文化为主题的体验式旅游项目。一是可以结合区域非遗技艺，开展传统手工技艺体验活动，引导游客积极参与体验活动，以游客动手制作非遗产品为主要形式，活动内容尽量简洁高效。需要明确的是，不是热门的旅游区域，因为游客数量较为有限，非遗与旅游结合效果有所欠缺，但是面向当地居民、周边群众组织实施以体验为主的短期旅游活动却有较大潜力，在积累一定经验之后向国内外推广，这也是助推非遗旅游全面发展的重要举措之一。例如，晋中地区就结合当地太谷饼、砖雕等非遗文化，开展太谷饼制作、砖雕造型捏制活动，由主办方提供专属的砖窑以及烤箱，游客在支付小额费用之后就可将自己动手

① 李宁，王兴.辽东文化生态保护区的非物质文化遗产利用与旅游开发:以筹建中的新宾核心区为中心[J].当代旅游(下旬刊)，2018(4).

制作的产品带走。二是在游客量相对较大的区域，由非遗传承人引导游客集体开展非遗体验活动，外地游客可在旅游期间动手制作相应的产品。例如晋中平遥区域，平遥剪纸传承人在古城内部开设有专门小店，除了销售常见的手工剪纸之外，还会与旅行社相互配合，在酒店、小店内部或者博览园等区域组织实施学习剪纸活动，依据时间、人数收取相应费用，由传承人提供专用的纸和剪刀，逐步引导游客剪裁。

（四）打造专属文化旅游品牌

把握生态文化旅游发展机遇，不断提高对文化内涵丰富的旅游景点开发的深入程度，积极传承民族习俗、民族歌舞、饮食、工艺等各类文化遗产，不断提升各类文化遗产在社会以及当地经济体系当中的渗透力，增强文化遗产在旅游产业及经济产业当中的影响力，形成影响力较强的旅游文化产品及品牌。一是旅游文化产品开发时，需要重点关注文化遗产的价格、内涵及功能作用，在全方位保护与管理基础上有目的、有重点地推行文化品牌战略。二是全方位拓展文化遗产品牌对外交流深度和广度，深入开拓文化遗产品牌发展市场，拓展文化遗产沟通交流渠道及范围，通过访问、演出、学术沟通交流等各类模式，深入推进文化遗产交流沟通活动。每年由相关部门组织开展两三次非物质文化遗产沟通交流活动，有针对性、有计划地安排非物质文化遗产民间传承人、管理者、艺术团体前往国内外各地进行考察交流，组织民间艺术团队前往全国各地演出交流，不断提升区域非物质文化遗产知名度，扩大文化旅游品牌影响力，为文化旅游发展奠定良好基础。

第七章 中国传统文化在现代高校中的应用

高校是为社会主义建设培养人才的主要基地,承担着非常重要的任务。但是高校管理中涉及很多的事务,要想更好地实现高校育人的任务,就必须实现高校事务管理的改革与发展。传统文化蕴含着丰富的哲理和智慧,能为高校的健康发展指明方向。

第一节 中国传统文化与高校教育管理

一、中国传统文化对高校教育管理的重要意义

当前,我国正处在政治、经济、文化等快速发展的时代,社会的飞速进步对当代大学生的世界观、人生观和价值观都产生了巨大的影响。如果高校对大学生的管理工作跟不上社会日益发展的变化和需求,那么大学生的素质和能力培养将受到制约。因此,推进高校对大学生的管理工作,有很强的现实意义。

(一)有利于大学生迎接经济全球化带来的挑战

随着社会的进步、互联网的发展,如今的世界已是一个经济一体化的整体。我国当代大学生正处在世界观、人生观和价值观形成的关键时期,必须予以正确的引导,这对于大学生行为和思想都会产生深远的影响。我国大学生应继承和发扬五千多年的优秀传统文化,用这些优秀传统文化武装头脑,辩证地审视西方的思想和文化。取其精华,将好的思想文化融入我国优秀传统文化之中,一方面能使大学生用本土文化抵御外来思想文化的有害侵袭,另一方面为我国社会主义建设提供新的元素。

(二)提高大学生对高校思想政治教育管理工作的认同

当代大学生个性张扬、思想独立。很多同学对于高校思想政治教育不冷

不热的态度使得思想政治教育管理工作开展受阻、创新受限。中国传统文化源远流长、博大精深，很多深刻的道理都蕴含在历史典故之中。如果我们将思想政治教育工作的实质、原理结合在中国传统文化之中，通过一些音频、视频等影音资料，结合讨论、文体活动等形式进行宣传和普及，那么就会在大学生中产生共鸣、引起反响。

（三）依托文化内蕴提升大学生内在修为

中国传统文化是以老子道德文化为本体，以儒家、庄子、墨子等思想为主体的多元文化。老子认为，“德”乃“道”之体现，强调人应当好好行道，帮助自己修身养性，避免犯下过失。孔子说的“读万卷书、行万里路”，则是在治学上重视实践，强调身体力行、知行一致。庄子认为“天道无为”，其观点认为一切事物都在变化。墨子提出“天下之人兼相爱，强不执弱，众不劫寡，富不辱贫，贵不傲贱，诈不欺愚”（《兼爱中》）的平等与博爱的思想。通过这些丰富的中国传统文化的内蕴，极大程度上提高了大学生内在修为和人格魅力。[①]

（四）增强大学生对社会的认知和辨识能力

高校的大学生管理工作不单单只是思想政治教育，还包括增强大学生对社会的认知能力等其他方面。中国传统文化能帮助大学生树立正确的世界观、人生观、价值观，增强大学生对当代社会的认知和辨识能力。通过在日常生活中运用优秀传统文化的理论知识，来达到培养大学生正确分析问题、解决问题的能力。社会的认知和辨识能力是大学生在面临社会道德问题时的一种正确的判断力和选择力。增强大学生的社会认知和辨识能力，也是提高大学生社会道德认知、道德情感、道德意志的途径。

（五）形成大学生良好的道德观念和行为准则

大学时期，是人生道德观念和意识形成、发展、成熟的一个关键阶段。在这个时期，道德观念对大学生的成长成才影响很大。而一个国家大学生的道德观念和行为准则体现了这个国家综合素质和文化涵养。在经济全球化的今

① 隋艳.运用中华优秀传统文化推进大学生管理工作[J].经营与管理，2016(4).

天,世界上各个国家大学生的日常行为表现,代表了各个国家的基本道德水平和文化底蕴。我国地大物博,人口众多,社会上各种各样的信息纷繁复杂,一旦大学生对信息接收和筛选出现错误,便会对大学生的思想和行为产生负面影响。因此,对大学生进行诚信、友善、爱国等传统文化教育是必不可少的。

(六)有助于大学生建立积极向上的人生态度

大学生是祖国的未来,对于他们的培养和教育不仅要重视文化知识的传授,更要培养他们面对困难时积极向上的心态。部分大学生认为,实现自身的价值,是通过个人的学识、才干、机遇、人际关系来实现的,与道德、品德等毫无关系。这样导致部分大学生"重才轻德",尽管他们才华横溢,但是却没有正确积极向上的人生态度。在传承中国传统优秀文化的过程中形成的优秀品质能够坚定大学生的信念,使之不断追求理想,提高综合素质,进而促进我国综合国力的提高。

二、中国传统文化融入学校教育管理的措施

当前的学校教育管理面临着多项挑战,传统文化在融入教育管理的过程中也遇到了不少阻碍。针对目前的困境,可以从以下几方面来促进二者的融合:

(一)将中国传统文化融入高校课程体系

高校在课程设置中,要有意识地增添中国传统文化,以便让其在潜移默化中对学生起到熏陶作用,增强学生对中国传统文化的认知,从而改变学生的思维模式,促进学生文化素养的提升。以茶文化为例,其作为我国优秀传统文化的组成部分,来源于古老的传统继承,茶文化所倡导的天人合一、以人为本的思想,对于学生的个人修养有着重要的引导作用。当下茶文化也是高校教育管理的热门内容,高校可以开设相应的茶文化选修课,帮助学生了解茶道的相关知识,提升学生的茶文化素养,起到修身、静心的作用,帮助学生树立正确的价值观。

除此之外,中国传统文化中还包含文字、语言、习俗等多种形式的文化,其

都可以成为高校课程的重要教学资源。高校教育管理工作在开展过程中,要使高校教师明确中国传统文化的教学作用,使其积极探寻将中国传统文化融入课程的渠道,实现中国传统文化与日常课堂的融合,从而为学生营造良好的学习氛围。这个融入过程,要求教师对自身的教学方法、教学理念进行创新,打破传统的课堂教学模式,让文化教育融入学生生活的方方面面,从而产生深远的影响。在将优秀传统文化融入高校教育管理工作的过程中,辅导员发挥着不可或缺的作用。大学生在大学期间的学习、生活中,除了各科老师之外,接触最多的就是自己的辅导员,因此,辅导员的言行举止对大学生的实际发展有着非常重要的影响。辅导员的道德品质与文化素养直接影响其所在班级的大学生。辅导员要树立终身学习的理念,不断学习优秀传统文化,不断提升自己的道德品质,扩充自己的文化体系;在教育管理工作当中,要注意自己的言行举止,做到严于律己,在为人处事上要让学生信服,这样才能起到模范带头作用,让学生以自己为榜样,向自己学习。此外,辅导员也要将优秀传统文化与现代先进的教育管理理念结合起来,在教育管理的过程中,做到以学生为本,运用先进的管理方法实现“因材施教”的理念,在管理的过程中要积极引导学生发现其擅长的领域,从而使其走向多元化健康发展的道路。

(二)实施中国传统文化实践育人模式

所谓实践育人是指将学校教育与社会教育融合在一起,以社会实践的形式对学生进行教育。当前的高校教育,实践在教育中的重要性日益突出,因此在将中国传统文化融入高校教育管理的过程中,要注重实践育人模式的开展。中国传统文化能够为实践育人教学模式提供充足的教学资源,促进教育的创新。在开展实践育人的过程中,要充分结合中国传统文化的特性,要将教育的重点放在培养学生的人格与理想信念之上,让学生在参与社会实践的过程中,认清自身所承担的社会责任感,同时学生在实践中也会获得参与感与满足感,这些将促进学生树立为他人、为社会无私奉献的精神。在实际的实践活动开展过程中,首先要为学生树立明确的实践主题,主题内容可来源于中国传统文化。明确主题后,各项活动要紧扣主题,同时还要充分考虑当代大学生的爱好与行为习惯,要以学生喜闻乐见的方式开展实践育人活动。此外,在实践育人中,要引导学生自己进行感悟,而不是一味地进行说教,如可以通过开展慰问孤寡老人或残疾患者等公益性活动,让学生在帮助他人、服务他人的过程中,找到自身的价值所在,从而培养学生的社会责任感。

大学阶段,“三观”的形成会影响到学生的未来发展,特别是对于尚未形成成熟“三观”的大学生,需要在大学期间,以中国传统文化为核心,不断提升自身的信念和理念从而实现人生价值。“三观”的有效建立,能够让学生树立正确的人生理念,能够从国家社会的框架体系内考虑自身的发展,能够具备更高的格局和品格,能够树立更加坚强的意志和信念,能够承担更加艰巨的重担和责任。无论是对大学生的未来发展还是对于人生的信念的坚持,都能够化为一股强大的动力,特别是在当前社会中,深入理解中国传统的文化理念,能够帮助大学生建立正确的认知,从生活中得到领悟和成长,从学习中掌握知识和理论,通过自身的努力和尝试,不断迈向人生的新高度和新未来。学生“三观”的正确树立,能够减少高校不良风气等问题的出现,特别是在当代社会多种文化的影响下,其能够在大学校园形成良好的保护氛围,保障大学生的生活和学习状态不会受到一些不良的干扰和影响。①

总而言之,在中国传统文化融入高校教育管理的过程中,要重视培养学生的品德与修养,帮助学生树立正确的世界观、人生观、价值观。

(三)融入校园文化育人体系

校园文化是高校在经济、文化及制度的影响下,所形成的一种内在文化氛围,其关系到学校的师资队伍、文化设施及规章制度等多项内容。将中国传统文化融入校园文化的建设中,有助于高校教育目标的实现。当前的高校教育管理普遍没有形成成熟的校园文化,这使得学生对于学校的认同感不足,不利于对学生的管理。因此,高校的教育管理人员,要有意识地塑造校园文化,丰

① 孟菲.运用中华优秀传统文化推进大学生管理工作[J].文化产业,2021(31).

富高校的文化底蕴,这也能使得学生在耳濡目染的过程中不断提升自我的审美情趣。一方面,高校要通过制订校徽、校歌、校训等形式,对学校的总体发展作出方向性的指引,这也能帮助学生了解学校的办学宗旨及教育管理目标等;另一方面,学校要开展多样的校园文化活动,通过创办校园文化活动周、活动月等,让学生参与到校园文化的建设中,提升学生对校园文化建设的认同感。在建设校园文化的过程中,可以将中国传统文化融入其中,对校园文化作出正确指引,这有利于形成积极、健康、向上的校园文化内容,从而使学生在进行校园活动的过程中,随时随地感受到中国传统文化的存在,以此来促进学生对传统文化的认知,并积极使用传统文化对自身的行为进行规范,这也正是开展校园文化育人的目的所在。

(四)实现中国传统文化与网络科技的有机结合

网络是中国传统文化对外传播的重要渠道,不仅可对大学生进行宣传教育,还可通过网络塑造我国良好的国际形象。我们可利用网络科技,把中国传统文化传播到世界的各个角落。各大高校可通过校内广播、宣传栏、校报等媒介传播优秀传统文化,使学生在日常生活中养成学习传统文化的习惯。还可通过网页、网站、微信、QQ等现代的传媒方式来普及和传授中国传统文化。学校还可通过观看优秀影视作品、编写影评等活动,让大家对中国传统文化产生兴趣。

第二节 中国传统文化融入高校美育

一、中国传统文化的美育价值

(一)自然美

中国传统文化中蕴含着令人神往的自然美。自古以来,文人墨客对自然美景和自然之物的描述数不胜数:刘禹锡在《望洞庭》中以银盘与青螺相映,比喻洞庭湖水与水中君山相互映衬的绝美风光;柳宗元在《小石潭记》中,以细腻的笔法描述了“青树翠蔓,蒙络摇缀”等自然景观,抒发了“凄神寒骨,悄怆幽邃”的孤凄情绪；韩愈用温润如酥的小雨、若有若无的青青草色描绘早春时节的自然景观，营造悠然恬淡的意境；陶渊明虚景实写，构想出有着“芳草鲜美，落英缤纷”美景的桃花林，展示了自己对和平宁静的美好世界的期待和向往；《敕勒歌》勾勒出由高远辽阔的敕勒平原、青苍蔚蓝的无边天空、动荡起伏的青草绿浪以及低伏隐现的众多牛羊构成的北国风貌图。①这些传统经典不仅巧妙地展示了自然美色，而且其中往往蕴含着作者的精神情感，是重要且宝贵的美育资源。

(二)人文美

人文美在中国传统文化作品中多有体现，如周敦颐《爱莲说》隐喻的高洁人格，于谦《石灰吟》表达的坚贞气节，郑燮《竹石》体现的坚贞不屈，陆游愿为国献身的爱国情怀，孔子“己所不欲，勿施于人”的道德标准和处事原则，诸葛亮“鞠躬尽瘁”的赤胆忠心。又如曹雪芹的《红楼梦》，作为一部传统文化的集大成之作，书中不仅涉及吟诗、作赋、弹琴、喝茶、宴饮、看戏、绘画等诸多文化活动，论及“礼”“仕”“享乐”“面子”等颇具特色的时代文化，而且作者通过精心塑造的人物以及巧妙的故事情节表达了自己对黑暗的官场、僵硬的科举制、没落的大家庭和一些统治当时社会的思想道德规范的批判。这些经典的文化作品无一不体现着中华民族丰厚的文化精神，挖掘优秀传统文化中的人文美，将传承人文精神作为美育工作的核心内容，更符合美感教育的时代需求。

(三)艺术美

中国传统文化充满着艺术美。中华民族一直重视艺术之美对社会和人民的美育工作发挥的巨大作用，上古时期便有“伏羲作琴……神农作瑟”的先王作乐传说，到了春秋战国时期，孔子指出礼乐相融使“万物谐化”，以呈现“和”之美感，且有《乐记》对诗、歌、舞、乐熏陶品德的记载。在书画领域，“书圣”王羲之造诣颇深，其笔法刚柔并济，行云流水，书写松弛有度，收放自如，体现出“和为贵”的传统观念；张择端的《清明上河图》不仅画作高超，而且记录了北宋

① 魏不凡.中华优秀传统文化的美育价值及其实现途径[J].汉字文化，2021(23).

人民的诸多生活细节，还原了历史状况。在建筑领域，中国有长城、都江堰、赵州桥、秦始皇陵及兵马俑、京杭大运河、莫高窟等流传至今的伟大工程，这些非凡成就展示了中华民族悠久辉煌的历史。富含艺术美感的经典作品不胜枚举，这些作品既是中国传统文化的集结，又是十分宝贵的美育资源。

二、中国传统文化美育的实施路径

（一）对中国传统文化中的美育资源进行挖掘

中华文化提供了形式多样的文化资源，实施审美教育要开发好中华传统文化，深度挖掘其中有效的美育资源。首先，应结合中国特色社会主义建设的时代需求，精准挖掘并发扬爱国爱民、与时俱进、追求创新等文化之美；其次，需结合当代社会多样化的审美需求，发扬形式多样、内容多彩的特色文化，自然、人文和艺术等领域要共同发展；最后，要扩大美育资源覆盖面，实现美育资源的全方位共享，努力缩小地区限制，使全国各地区各民族都能平等地享受美育资源。

（二）加强优秀传统文化与学校美育工作的深度融合

学校的培育功能对美育工作的开展作用突出，应鼓励各学校在开展美育工作时以中国传统文化为母体，在吸收文化母体的养分的同时反哺中华文化。首先，以课堂为主渠道，加强与美育相关课程建设。学校设立课程时可以结合学校情况开设更多的舞蹈、戏剧、古典文化等美育价值丰富的课程，还可以建立传统文化兴趣组，举办书画、歌舞、陶艺、剪纸等充满艺术美的趣味性活动和比赛，以“润物细无声”的方式使学校学子感受到优秀传统文化的美感。其次，在加强理论教化的同时，要推进美育实践工作，做到知行合一。学校可以结合不同专业的情况，举办读书会，引导学生在阅读过程中领略经典文学作品之美，提高审美能力；可以设立传统文化体验室，设置孝道文化、节日文化、戏剧艺术等展示区，以及穿汉服、观茶艺、试乐器、习篆刻等沉浸式体验区，营造浓郁的文化氛围，帮助学生感受美、热爱中华文化；还可以鼓励学校学生成立专门化社团，开展文艺晚会、舞台剧等相关文化活动，提升学生的参与感和创造美的能力。

(三)以借助互联网助推美育工作

互联网对以中国传统文化为载体开展的美育工作有重要的推进作用,它有利于增加美育资源共享渠道,扩大美育资源覆盖范围。例如,现在已经有“古诗词典”这一类的手机App问世,这类软件打破了“面对面学习”的空间限制,大大增加了人们学习传统文化的便利性。即使已经走出校园,人们也可以在零碎时间里学习古典文化,感受传统文化的美感。同时,人们也要避免被网络流传的历史虚无主义思潮侵蚀,历史虚无主义者擅长打着“学术研究”或者“学术创新”的幌子,歪曲解读中国历史和传统文化,极不利于美育工作的展开。因此,要规避互联网对美育工作的负面效应,实现互联网与中华传统文化的科学结合,达到“1+1 > 2”的美育效果。

第三节 中国传统文化融入大学生素质教育

一、中国传统文化对大学生素质教育的意义

(一)丰富了大学生素质教育的内容

中国传统文化对于提高大学生的精神境界、塑造健全人格具有潜移默化、不可代替的作用。大学生素质教育要有针对性,因此高校必须把中国独特的文化作为素质教育的内容,夯实文化基础,满足学生成长发展的需求。如春秋战国的理性思辨、秦汉的雄伟建筑、魏晋的多元思想、盛唐的诗句、宋元的词山曲海、明清承前启后的综合承继等,以及中国传统文化包含的众多积极因子,如爱国主义、仁义忠孝、百折不挠等,这些既是历代人民智慧的结晶,同时也是中华民族之所以成为中华民族的精神支柱,是我们应该世代相传的宝贵财富。

数千年来,文人墨客打造的精神王国繁花锦簇,这些绚丽的基因是文化精髓,蕴含了丰富的精神养料和教育资源,如从唐诗宋词中感受抑扬顿挫之辞彩,从高山流水之音中体验宫商角徵羽之韵律美,从雕廊画壁、亭台楼阁之中感悟匠心独运。无论在思想精神方面还是物质方面都是对大学生素质教育内

容的有利补充,中国传统文化中的热爱祖国、修身养性、立己达人、诚实善良等传统美德发挥着超越时代的永恒魅力。中国传统文化的精神内涵不仅能够提高大学生的鉴赏能力和人文素质,而且还进一步丰富了素质教育的内容。

(二)完善了大学生素质教育的理论体系

中国传统文化中积淀着深厚的中华人文精神,中华人文精神恰恰可以滋养大学生的行为习惯和精神理念,因此,因事而化、因时而进、因势而新,创新方法,把中国传统文化作为大学素质教育的内在要求和新的突破口,以文化人,实现人才培养目标。

首先,就教育的目的而言,素质教育主要针对高等教育注重专业教育却忽视学生综合素质的问题,力求改变"重理工轻人文、重专业轻基础、重书本轻实践、重共性轻个性、重功利轻素质"的教育现象,旨在促进与协调受教育者的全面发展和个性发展。开展中国传统文化教育,有利于建设社会主义文化强国,增强国家文化软实力,对学生个人和国家都有着重要的意义。

中国传统文化教育是一项系统、层次递进的工程,在小学、初高中和大学都有着不同的目标,而大学加强传统文化教育,主要目标在于实现"文以育人,文以化人"的教化功能、提高文化自觉自信、增强大学生文化素养、完善大学生人格修养,培养大学生弘扬中国传统文化的责任感和使命感。

其次,从教育理念来讲,当前研究者普遍认为德、智、体、美、劳全面发展是素质教育的根本理念,在此理念下要坚持以人为本,德育为先,以学生为中心,以发展为主题的现代教育理念,素质教育坚持面向全体学生,使每个学生都得到尽可能全面、良好、主动和具有个性化的发展。

中国传统文化教育的开展,有利于大学生正确把握社会主义核心价值观教育、时代精神教育和革命传统教育的关系,坚持课堂教育与实践教育相结合,坚持学校教育、家庭教育、社会教育相结合,坚持针对性与系统性结合,坚持知识、情感、行为的有机统一,积极开展教育活动。

最后,素质教育的目的决定了素质教育是一套完整的人才培养体系,包含了培养目标及其实现方式条件等诸多教育要素,素质教育的任务分为总体目标和具体任务,总体目标是全面提高学生的素质,当今社会的发展和对人才的需求要求大学素质教育应以培养学生的创新精神和实践能力为重点,以提高自主学习和探究能力为核心。高校开展中国传统文化教育,主要是以提高学生对中国优秀传统文化的自主学习和探究能力为重点。引导学生完善人格修养,关心国家命运,自觉把个人理想和国家梦想、个人价值与国家发展结合起来,坚定为实现中华民族伟大复兴的中国梦不懈奋斗的理想信念。

综上所述,中国传统文化融入大学生素质教育当中,不仅能够使两者相辅相成,更好地服务于大学生素质的培养,而且还能不断完善和丰富素质教育理论体系。

(三)有助于促进大学生的全面发展

大学生身为社会的精英群体,具备了较高的素质,他们是继承中国传统文化的重要载体和主体。

首先,中国传统文化可以不断地强化大学生的民族精神。一个民族的精神文化是每一个民族特有的精神灵魂,任何一个伟大的民族都有其本身特有的精神文明。将中国传统文化融入大学生素质教育,在这一推动下,大学生可以通过优秀传统文化的教育功能增强自身的民族意识。另外,优秀传统文化以其所具有的丰富内涵影响着大学生的思想观念、生活方式和价值观念,能够不断地唤醒并且强化大学生的民族意识,促使他们自觉地继承和发扬中国传统文化。

其次,中国传统文化教育有利于大学生树立科学的人生观、价值观和道德观。中国传统文化是涵养社会主义核心价值观的重要源泉,将中国传统文化融入大学生素质教育,可以更好地帮助大学生学习和掌握传统文化的思想精华,使学生能够正确地对待自己所处的社会和时代。大学生在中国传统文化的熏陶下,借助优秀传统文化中丰富的道德理念、哲学思想和人文素养等,帮助大学生树立科学的人生观、价值观和道德观。

再次,中国传统文化有助于大学生人文素养的提高。良好的人文素养对于个人的长远发展具有重要的促进作用,是人全面而自由的发展所不可或缺的有机组成部分。人文素养高的学生,知识面广、眼界开阔、责任感强、抗挫折能力强,具有持续发展的潜质,从中国传统文化的内容上来看,它就包含了丰富人文素养内容,如唐诗、宋词、元曲等,分别从不同的体裁为大学生学习传统文化提供了丰富的内容;又如"中庸""天人合一"等思想,从各不相同的角度提出了提高个体人文素养的途径和方法。

最后,促使大学生思想政治素质、科学文化素质、身心素质以及专业素质四要素间的协调发展。大学生素质教育是以人才整体素质的全面提高为目的的,所以大学生必须认清素质教育各要素之间的重要性,同时,大学生素质教育各要素间存在相互依赖、相互促进、相互制约的关系,任何一个要素出现问题都会影响到大学生的整体素质,所以必须认清这四要素是既独立又统一的整体,他们不是各自为政,而是各司其职,共同为大学生综合素质效力的。大学生要明白素质教育就是要通过相对应的教育培养使学生在这几个方面都形成相对稳定的身心结构和身心品质。

以上这几个部分看似没有联系,但是严格来说都不能孤立存在,它们是相互作用、相互渗透并作为一个整体而存在和发展的。因此,在教育培养过程中,要处理好这几部分素质之间的相互关系,促进各部分素质和谐发展,形成有自我特色的、优化的素质结构。

根据当代社会对人才的知识、能力、素质的要求,大学生通过对中国优秀传统文化的学习,有助于进一步优化知识结构与能力结构,做到知识方面的融会贯通,如数理化之间的互渗、文史哲之间的互渗,甚至文理之间的互渗。大学生应该不断提高自身的思想政治素质、科学文化素质、身心素质和专业素质,促使自己能够成为全面发展的高素质人才。在大学生素质教育中有效地融入优秀的传统文化因素,在促进学生全面发展的同时,也促使其成长为社会需要的高素质人才。

二、中国传统文化在大学生心理教育中的应用

(一)传统文化对心理教育的积极影响

1. 以人文精神增强生命的意义感

人是一种追求意义的存在,人不同于动物之处就在于人需要有生命的意义。每个人都会追求人生的意义,都会给自己设定人生的意义。如果人找寻不到生命的意义就会陷入焦虑之中,就会对人生产生怀疑,从而产生心理危机,破坏心理平衡。生命的意义感是维持心理健康的必需品,是人的重要心理需要。就如同肉体需要食物和水一样,精神需要生命的意义感。

生命的意义感并不能通过自然科学知识产生,虽然自然科学知识可以为人的生命意义感提供帮助。归根结底,生命的意义感属于人文世界,是一种人生价值取向,它需要人文精神的滋养。中国传统文化是一种人生意义的哲学,它可以为人生提供意义感,对于维护心理健康有难以替代的作用。

(1)寻找生命的价值感

生命的意义感首先源于生命的价值感。如何认识生命本身是一个重要课题,把生命看成是一种纯粹的自然过程、把人体看成是一种机器固然有一定的道理,但是显得太过机械呆板。把生命价值看得太低,对于人的尊严是一种极大的贬损,不利于人的心理健康。

研究表明,那些采取极端手段结束自己生命的人,大都感觉人生没有意义,他们已经失去了人生的价值感,觉得人生无可留恋。如果把人看成一具肉体,人生就是为了吃喝玩乐满足肉体需要,那么很容易感觉到人生的无价值,因为人的肉体欲望是无限的,由于个人和社会的种种原因,人的肉体欲望大多时候受到限制得不到满足,用弗洛伊德的话来讲就是“本我”受到抑制。

中国传统文化可以帮助人们寻找生命的价值感。首先是正确认识生命,人为万物之灵,人的生命无限宝贵,人生难得,所以要珍惜生命。《圣经》认为人体是按照上帝的模样造成的,所以具有神圣性,这是西方人对于生命神圣性的说明。而中国人认为“天人合一”,生命来源于天地,天人同构,天是生命价值

的来源。人的生命是秉承天命而来因而具有神圣性,人生是一件神圣的使命,要完成天命赋予的责任。对生命神圣感有所体会的人就会感到生命的价值感,对生命有高度的认同。

(2)激发人生的使命感

传统文化中的“人贵论”对于认识生命的价值、人生的价值极有启发性。《孝经》说:“天下之性人为贵。”[①]董仲舒说:“人受命于天,固超然异于群生。”[②]人生的使命是一种重要的生命意义,激发人生使命感可以赋予人生意义。生命本是神圣的、有意义的,这只是人生意义的一个来源。

生命的意义还来自人生的使命。不同的文化赋予人们不同的人生使命。基督教赋予基督徒的人生使命是荣耀上帝。佛教赋予信徒的人生使命是获得觉悟超脱生死轮回之苦。虽然不同的文化赋予的人生使命不同,但是这样一种人生使命感的灌输确实可以起到提高生命意义感的作用。我国是社会主义国家,大多数人并没有宗教信仰。我们要给大家灌输的人生使命感是“为人民服务”,我们的人生使命不是为了个人享乐而是为了劳苦大众的幸福。

中国传统文化“天下为公”的价值理念有助于人们树立为人民服务的使命感。另外中国传统文化也会给人生一些重要的人生使命感,如“精忠报国”“兼济天下”“养亲致孝”等,人生的目的不是为了个人而是为了国家、为了社会、为了他人。在中国传统文化语境中,人生最为重要的使命是“忠”和“孝”。忠就是忠于国家民族,把个人的人生价值和国家的前途命运联系起来;孝就是孝顺父母,感恩父母,堂堂正正做人,让父母过上幸福的生活。这两种人生使命与为人民服务的人生使命具有高度的契合性。中国传统文化可以激发人们这两种使命感,从而提升生命的意义感。

(3)鼓励对真善美的追求

对真善美的追求同样能带来生命的意义感。文学家、音乐家、美术家沉浸

---

① 高觉敷.中国心理学史[M].北京:商务印书馆,2010:38.

② 张岱年.中国人的人文精神[M].贵阳:贵州人民出版社,2018:73.

在对美的追求里,科学家陶醉于真理的世界里,这些对真善美的追寻会让人找到人生无限的乐趣,这种精神的乐趣是生命意义感的来源。中国传统文化可以鼓励人们对真善美的追求,以此提升生命的意义感。中国传统文化里有许多追求真善美的人生榜样,他们并不在虚无中度过人生,而是在追寻真善美的过程中享受人生,实现人生的艺术化。孔子发奋向学、乐以忘忧是求真求善的表率;王羲之、怀素等人毕生研究书法是求美的代表。真善美是中华民族一以贯之的精神追求,继承传统文化对真善美的追求能够让人的生命更有意义。

2. 以乐观精神培育积极的心态

(1)保持理性的态度

积极的态度首先是一种理性的态度,而不是一种盲目的态度。积极的思维模式并不源于盲目乐观,而是植根于真理。只有理性认识事物的发展规律才能对未来抱有信心。中国传统的哲学是一种乐观哲学,为人们积极的心理提供了理性的支撑。中国传统辩证法认为,矛盾对立面总是相互转化的,"反者,道之动"①。事物总是向前发展的,虽然会有曲折有反复,但是向前发展的趋势是确定不移的,这就为积极心态提供了理性根源。

中国传统辩证法从事物的对立转化来看待那些表面上看起来消极的事物,所谓"祸兮福所倚",从祸患中看到福气,从困难中看到机遇,把本来是消极的事物从积极方面来理解,把坏的因素向好的方面转化。荀子人定胜天的思想也是一种积极的理性,认为人可以掌握自己的命运,战胜自然灾害。

从另一方面来看,中国传统辩证法并不主张消极的态度,并不认为人应该消极地听从天命忍受灾祸。相反,中国传统哲学认为,消极的态度是缘于对世界错误的认识。人们应该积极面对生活,"为仁由己,而由人乎哉"(《论语·颜渊》)。即使主张清心寡欲的道家也并不是什么也不做,而是通过无为达到"无所不为"的效果。悲观哲学在中国传统文化里站不住脚,没有市场。

(2)引导积极的情绪

---

① 冯友兰.中国哲学简史[M].南京:译林出版社,2018:22.

积极的理性认识还要转化为积极的情绪。积极的情绪也属于积极心态重要的一部分。积极的理性认识和积极的情绪并不能画等号，有时候一个人明明从理性上知道不应该消极但是情绪上还是感觉到消极，比如有的人面对一次面试失败，明明知道这再正常不过，而且面试的那个单位发展前途也一般，但仍然会感觉情绪低落。积极的情绪就是一种高昂的激情，不管面对什么样的困难都会充满热情充满正能量。

中国传统文化可以引导积极的情绪，首先是通过升华的手段把不良的情绪发泄出来，比如古代文人遇到悲伤的事情就挥笔抒写心中的块垒，有的是笔走龙蛇，用书法艺术表达心中的不快，有的是写一首诗、写一首词，把负面情绪排除出去了，积极的情绪就容易产生了。

(3)开展积极的行动

心理问题很多都是因为现实生活的不如意产生的，只有通过行动改变不如意的现状才能获得心理的重新平衡。行为主义心理学强调通过积极的手段解决现实问题来化解心理问题。行动会产生力量，行动会让人的心理能量增加。中国传统文化激发人们解决问题的行动力。传统文化中积极行动的榜样有很多。"盖西伯拘而演《周易》；仲尼厄而作《春秋》；屈原放逐，乃赋《离骚》；左丘失明，厥有《国语》；孙子膑脚，《兵法》修列；不韦迁蜀，世传《吕览》；韩非囚秦，《说难》《孤愤》；《诗》三百篇，大底圣贤发愤之所为作也。"[①]这些伟大的历史人物在普通人看来极端困难、极端绝望的情况下仍然采取积极的行动，把困境变成了顺境，他们为历史所承认，正是在困境中的行动带来的。中国传统文化充满了积极行动的正能量。"一身动则一身强，一家动则一家强，一国动则一国强，天下动则天下强"[②]，鼓励人们应该采取积极行动。

3.以超越精神化解心理压力

(1)正视压力

① 甘英，黄娟．大学生职业生涯规划教程[M].长春：东北师范大学出版社，2017：35.

② 郑天挺，谭其骧．中国历史大辞典 1[M].上海：上海辞书出版社，2010：225.

面对心理压力,如果思想上能提前有所准备,就会大大缓解心理压力给人带来的困扰。化解心理压力首先要认识压力,从理智上来正确看待压力。中国传统文化对心理压力的看法与现代心理学非常的契合。中国古人早就看到人生中时时处处会碰到压力,压力的产生是必然的。“人之生与忧俱生。”(《庄子》),“人生不满百,常怀千岁忧。”(《增广贤文》)人生在世肯定会面临压力,因为这就是人生的常态。既然压力是人生的常态,那么就不必为此感到忧虑。害怕压力本身就是一种压力。既然人生有压力是正常的,那么就不会因为害怕压力而产生新的压力,坦然面对压力,与压力共存。

(2)保持良好睡眠

睡眠是消除疲劳、保持身心健康的有效途径。而调查表明,许多人都有睡眠障碍,饱受失眠之苦。当人们遇到压力事件时,情绪高度紧张,首当其冲的是睡眠质量,很多人辗转反侧难以入睡,或者是睡眠表浅、易醒、早醒。中国传统睡眠文化对于培养良好的睡眠习惯,解决睡眠问题有较大启发作用。中国人以睡眠为强身健体之要,“一觉闲眠百病消”,俗语说,“药补不如食补,食补不如睡补”,“养生之诀,当以睡眠居先”①。古人认为,睡是一种天然养生法,眠是一种人生享受,所以古人历来重视“睡方”“睡诀”的探求,提倡“先睡心,后睡眼”,认为睡眠是一种精神调节,只有降服其心把心静下来才能进入睡眠的美妙境界。

(二)基于传统心理教育的大学生心理教育的策略

1. 坚守素质教育课堂阵地

(1)在教学过程中渗透中国传统心理教育思想

中国传统心理教育思想既是中华民族优秀传统文化的精神积淀,又具有心理学的科学性,将中国传统心理教育思想融入大学生素质教育,既容易从情感上被大学生接受,又能在一定意义上加强和改进大学生素质教育工作。但是,中国传统心理教育思想进课堂、进教材要有一定的策略,否则无法取得预

① 陈云波.大学生健康教育[M].合肥:合肥工业大学出版社,2019:101.

期的效果。因此，素质教育工作者要积极利用中国传统心理教育思想所具有的强大的民族基因和民族情感，在教学过程中渗透中国传统心理教育思想。

首先，在教学准备过程中，特别是在PPT的制作中，要以典雅、宁静、朴素的图片作为背景设计，凸显中国传统心理教育思想的神韵；再嵌入与教学内容相关的经典语句和古典音乐，让学生在无形中感受中国传统文化的魅力，让浮躁的内心归于平和，为大学生更好地接受素质教育提供一定的心理基础。老师在备课过程中要考虑到大学生的心理特点，结合当代大学生关注的焦点、热点事件，利用中国传统心理教育思想的经典案例导入教学内容，从而引起大学生学习素质教育的热情。

其次，在课堂教学过程中，教师要有发散思维，要立足于个人、社会、国家三个层面开展多角度多层次的教学活动，而不能只从国家层面要求大学生，造成大学生对素质教育“高、大、上”的认识误区。

在个人层面，要切实注重大学生自身能力的提高，有效地借鉴中国传统心理教育思想中“坚忍不拔”的意志心理，培养学生艰苦奋斗、自强不息的心理品质。改变大学生对素质教育不接地气的片面认识，让学生从自身素质的提高上感受素质教育的无形魅力。

在社会层面，应挖掘中国传统心理教育思想中的“仁爱为本”的交际心理，帮助学生正确处理同学之间、师生之间的关系，缓解同学间的紧张关系和师生间的失谐关系。让大学生在素质教育的过程中真正有所获得，帮助大学生切实解决生活中遇到的困境。

在国家层面，要以爱国主义教育为重点挖掘中国传统心理教育思想中“圣人君子”的人格心理，严格要求学生，努力使学生具有中国传统心理教育思想要求的圣人素质，提高大学生对自己国家和民族的认同感，具备为国家做贡献的能力。

(2)在教学方法上借鉴中国传统心理教育方法

中国传统心理教育方法就是从学生知、情、意、行等要素入手，以学生为主体,通过节欲养心、自我反省、开导劝慰等方法来调整学生心理状态,使学生保持内心的平和。高校素质教育过程可以理解为个体在接受教育过程中对其内容的认知、情感、意志、行为诸心理要素辩证运动、均衡发展的过程。因此,大学生素质教育要改变以往灌输教育的弊端,转变以往的说教式教学方法。

首先,高校在开展素质教育的活动前,可以借鉴传统心理教育方法中的开导劝慰法。开导劝慰的心理教育方法要求老师要"顺",用现代心理学理论解释就是要做到"共情"。高校素质教育可以将现代心理学中被动的"心理咨询"转换成教师积极主动地访问学生的活动,通过观察学生平日的言行、倾听学生的述说、走进学生的内心世界,设身处地地体会学生的喜怒哀乐,了解学生对素质教育的理解和认识,只有这样才能对症下药,增强大学生素质教育的针对性和科学性。

其次,在素质教育过程中要注重学生的情感体验。认知认同不仅要体现在理性认知上也要反映在情感认同上。在大学生素质教育过程中,教师不仅仅是要教会学生相关的理论,还要注重与学生的情感互动,以教师自身的人格魅力来感染学生。在授课过程中教师要通过环境的创设、向学生讲述自己身边发生的小故事来阐发大道理,让学生感觉到师生之间是平等的,自己目前承受的压力老师以前也同样经历过,从而缩短与老师之间的心灵距离接受老师的教育和指导。这样,学生不仅可以自觉主动地接受素质教育的熏陶和影响,也能在实际行动中反思自己的行为,以教师为榜样严格要求自己。

最后,素质教育工作者可以借鉴中国传统心理教育方法,对学生的气质、性格、特长进行测验。中国传统心理教育思想认为,学生在智力、能力、性格等方面都存在差异,孔子将人的性格大体分为"狂者、中行、狷者"三类,并对自己学生的性格特点做了概括,"柴也愚,参也鲁,师也辟,由也喭"[①],"由也果,赐也达","求也退,由也兼人"[②],说明高柴愚笨,曾参迟钝,孙师偏激,仲由粗俗但果

① 徐学俊.人格心理学 理论·方法·案例[M].武汉:华中科技大学出版社,2015:61.

② 张积家.普通心理学[M].广州:广东高等教育出版社,2004:593.

敢、敢作敢为，端木赐通情达理，冉求胆小。

在大学生素质教育过程中可以依据学生不同的性格特点分小组进行教学，性格相似的学生在认识问题和处理人际关系中往往有着较为相似的行为模式。这样，既减少了学生之间因为性格原因引起的摩擦，也在一定程度上减轻了教育者的工作负担，使教育者可以有针对性地对同一小组的学生开展教育活动。

2.丰富素质教育的载体

(1)利用传统节日仪式了解中国传统心理教育思想

中国的节日类型多样，既有春节、元宵、端午这样的传统节日，又有七一建党节、八一建军节这样的国家重要纪念日。传统节日仪式是弘扬中国传统心理教育思想的有效载体，传统节日仪式可以使大学生在潜移默化中汲取中国传统心理教育思想的精华，寓教于乐，促进大学生素质教育自觉地、能动地借鉴中国传统心理教育思想。

首先，应该深入挖掘传统节日自身所蕴含的心理教育因素。我国的传统节日是劳动人民在长期生活实践中，根据农业生产需要总结出来的祭祖祈福活动，从整体上来说，遵循了自然发展规律，体现了朴素的天人合一思想，具体到每个不同的节日又有其自身独特的含义。

例如，清明节既是农民进行农业生产的一个重要时令，又是人们踏青、扫墓、祭祀祖先、迎接春天到来的重要节日，其中既蕴含着儒家“合天时、合四序”的“中和”心理教育思想，又包含着尊重长辈、敬仰先烈的家庭伦理思想，体现了儒家倡导的“仁爱为本”的人际心理。素质教育工作者要认真研究每一个传统节日所蕴含的中国传统心理教育思想，为利用传统节日仪式开展大学生素质教育做好充足的理论准备。

其次，学校领导应该热情关注，引导学生积极参与节庆活动。目前，部分大学生对中国传统节日默然，却对外国节日狂热，高校素质教育工作者要引导学生参与中国传统的节庆活动，让中国民间活动回归大学生的视野。习近平总书记曾在北京大学发表讲话:“中华优秀传统文化已经成为中华民族的基因,植根在中国人内心,潜移默化地影响着中国人的思想方式和行为方式。”[①]这让广大师生备受鼓舞。

高校领导有必要参与到特定活动中,向学生传递祝福、讲解节日的由来。在元宵节开展送元宵、猜灯谜活动,在清明节组织学生外出踏青感受祖国的大好河山,在中秋节和学生一起动手制作月饼。也可以邀请民间艺人和非物质文化遗产继承人来学校进行文艺表演增添节日氛围。利用特定的节日契机让学生在亲自参与中感受节日的魅力,领悟并践行中国传统心理教育思想的真谛,为大学生素质教育借鉴中国传统心理教育思想搭建新的平台。

最后,对传统节日的内涵进行创造性发展和创新性转化。大学生素质教育想要利用传统节日仪式这个活动载体来优化教育效果,就不能仅仅停留在节日本身,必须要以大学生素质教育为导向,升华传统节日的内涵。

不仅要利用清明节这个传统节日挖掘出儒家“中和”“仁爱”的心理教育思想,更要让学生意识到祭祖不只是祭拜自己的祖先,为中华民族的独立和富强献出自己宝贵生命的革命先烈们也需要各位大学生铭记在心,时刻缅怀。在传统节日仪式中,大学生要将日常生活中朴素的情感上升为对国家和民族的热爱,由此提升自身的整体素养。

(2)利用互联网络媒介宣传中国传统心理教育思想

信息网络技术的快速发展为大学生素质教育借鉴中国传统心理教育思想提供了技术支持和新的载体。

在我国,利用网络媒介开展大学生素质教育活动已经不是什么新鲜事,人民出版社(理论网)、人民日报网、中国文明网都受到了普遍欢迎。我们可以利用这一良好的发展势头,借用已经初具规模的素质教育网站,开辟专栏,用于中国传统心理教育思想的整理和传播,让学生加深对中国传统心理教育思想的了解,学会运用中国传统心理教育思想调节自己的情绪,缓解压力,解决心

① 宋立林.礼德诠释[M].北京:中国方正出版社,2017:5.

理问题，弥补素质教育在解决大学生心理问题方面的空白。

其次，还可以利用互联网的间接性、隐蔽性等特点，开展心理咨询活动。部分高校虽然开设了心理咨询室为学生解决心理问题，但由于学生对心理健康问题的狭义理解，他们往往不愿意将较为私人的问题公开化，更无法接受其他学生在背后的指指点点。利用网络学生可以匿名向老师倾诉自己的不解和困惑，老师在线解答既避免了面对面交流的尴尬，又能让老师及时了解学生的心理状态，增强素质教育的真实性和吸引力。

此外，还可以利用网络技术检测学生的学习效果。对大学生素质教育效果的衡量一直是素质教育工作的难题，考试成绩只能考察学生对知识点的记忆效果，学生是否真正将知识内化于心是无法通过考试成绩体现出来的。现在，老师可以利用现代网络技术，将一些中国传统的儒家代表人物设计成动漫形象，在发生社会热点事件时通过他们的形象，引导学生参与讨论并积极发表自己的看法。

教师可以根据每一个阶段的学习内容设计相应的考试题，以中国传统心理教育思想中的观点或人物典故作为考试素材，考察学生对素质教育内容的掌握。还可以将考试设计为闯关形式，学生每回答对一个问题就能获得一定的闯关奖励，如果回答错误就自动弹出儒家大师们鼓励的话语，并生成错题集，以便学生的后期复习，这让无趣的大学生素质教育考试变得生动有趣。以大学生喜闻乐见的形式传播中国传统心理教育思想，有助于促进大学生素质教育的积极发展。

3. 开展素质教育实践活动

(1)举办弘扬中国传统心理教育思想的校园实践活动

校园实践活动是对课堂教学活动的补充、深化和扩展，是大学校园生活中必不可少的一部分内容。它既有效避免了课堂教学重理论、轻实践的弊端，又充分利用了大学生活泼好动乐于接受新鲜事物的心理特点，丰富了大学生的业余生活。大学生的校园实践活动形式多样，利用校园实践活动弘扬中国传统心理教育思想,是大学生素质教育借鉴中国传统心理教育思想的重要途径。

①社团活动

社团活动是大学生根据自身的兴趣爱好、自发组织的一种校园实践活动,大学生素质教育借鉴中国传统心理教育思想,社团活动可以有效发挥其功能和作用。目前,高校中存在形形色色的社团组织,我们可以整合一些规模较小、功能不齐全的相关社团,统一成立中国传统心理教育思想社团和心理沙龙社团,并将其升级为校级荣誉社团,让这些社团在高校领导下传播中国传统心理教育思想,让参与社团活动的学生掌握基本的心理调节方法,保持健康的心理水平。

高校可以利用这些社团在业余时间开展儒家经典心理教育思想的诵读活动,组织社团成员一起参加心理沙龙活动,观看心理治愈的电影,让学生在集体活动中相互交流吐露自己的心声及时排解自己的不良情绪。

②主题活动

积极响应国家教体总局"走下网络、走出宿舍、走向操场"的号召,积极开展大学生体育锻炼的主题活动。利用多人绑腿、跳大绳、长跑等阳光体育活动增强学生的身体素质、磨炼学生坚强的意志品质。

在心理健康日开展学习儒家礼仪的主题活动。让学生身着中国传统服饰,以儒家礼仪向学生免费发放心理健康手册,让学生对照手册检测自己的心理健康水平,并向学生讲解中国传统的礼仪文化,从而学会文明、礼貌地与人交往。

在期末考试时可以开展诚信教育的主题活动。在考前让学生参加自愿进行诚信考试的宣誓活动,并签署个人诚信书,在考试时采用无人监考的考试形式,让学生提高自我监督管理的能力,让学生学会慎独和自我反省等中国传统心理教育的方法。

(2)组织大学生参加素质教育社会实践活动

大学生志愿者活动得到了社会各界的广泛好评,这也是大学生素质教育借鉴中国传统心理教育思想的一种重要实践形式。许多高校每年都会举行大学生支教活动,鼓励毕业生到各市偏僻地区顶岗实习。高校素质教育工作者可以依托这样的社会实践活动,要求参加支教的学生向偏僻地区的学生传授中国传统心理教育思想,教学角色的转换能让大学生在使命感的促使下,加深对中国传统心理教育思想的理解,也使其能体会到作为一名教师的辛苦与不易,从而反思自己的行为,学会理解他人,并正确处理师生间、同学间的人际关系。

在参加支教活动的过程中,还应该鼓励大学生利用已经掌握的中国传统心理教育思想,为留守儿童做些力所能及的事情,除了为留守儿童提供学习和生活上的帮助外,还要关心他们的心理健康问题。用爱心温暖这些孩子,让他们感受到来自陌生人的关心,帮助他们驱散由于缺失父母关爱而留存在幼小心灵中的阴影。这一系列的互动可以让大学生体会到中国传统心理教育思想在现实生活中的价值,感受到大学生素质教育借鉴中国传统心理教育思想的必要性,也可以强化大学生善良、正直等积极情感体验,提高大学生素质教育的接受度和认同感。

此外,大学生来自祖国的四面八方,各高校可以依托地方传统文化教育资源,组织学生利用假期时间到当地的博物馆、图书馆,参加中国传统心理教育思想的收集和整理工作,参观当地儒家主要代表人物的故居,了解他们的人生经历和获得的成就,在开学后汇总学生在假期的实践成果开办成果展。大学生亲自参与中国传统心理教育思想的宣传活动,可以有效增强他们对中国传统心理教育思想的认同,在真实的社会实践活动中提高大学生整体素质。

三、中国传统文化在大学生德育中的应用

(一)中国传统文化与现代德育的内在联系

1.功能方面的联系

(1)育人功能上的联系

德育是以人为对象的一项实践活动,对于塑造人的全面素质、促进人的全

面发展起着重要的作用。德育的育人作用主要表现在确立人才成长的正确政治方向,培育人才的新思想新观念,促进人才的人格完善,培育人才的创新精神等方面。我国是一个拥有五千年文化传统的国家,中国优秀传统文化是我国历代先贤们几千年经验和智慧的结晶,其深厚的底蕴和深邃的哲理给人以深刻的启迪与思索,在现今同样有着重要的育人功能。中国优秀传统文化的丰富内容除了具有德育、智育功能以外,还具有体育、美育等特殊育人功能。以体育功能为例,中国传统体育有着悠久的历史,既能够强身健体,又能磨练意志,其精髓是和谐、养生,富含中国特有的体育人文精神。比如太极拳就是在增强体质的同时注重内外兼修。现代德育和优秀传统文化的育人功能不仅存在相互交叉的地方,都对促进人的全面发展具有重要作用,而且两者之间在某些方面可以进行互补。

(2)导向功能上的联系

"德育的导向功能,一般是指德育的性质、原则、内容、目标、方法与成效对社会发展进程和公民素质提高具有的重要引导与定向作用。"[①]德育的导向作用主要表现在价值导向、目标导向和行为导向等方面。优秀传统文化在这些方面都与德育有着很多的契合之处。从价值导向功能来看,中国优秀传统文化中的仁爱、人本、和谐、整体、进取等基本精神与现代德育的价值导向具有一致性;从目标导向功能来看,德育自身的最根本的目标还是在于培养人的思想道德方面所要达到的要求,如积极的人生态度、高尚的人格等,而这些在优秀传统文化中都能找到类似的目标指向;从行为导向功能来看,德育通过树立具有群众基础又对群众具有感召力的先进榜样,引领人们在精神、心理、人格、行为等方面加以效仿,而优秀传统文化中所记载的优秀历史人物和事迹,无疑具有很强的行为导向功能。

(3)凝聚功能上的联系

德育具有强大的凝聚功能,这是其他任何方法都无法比拟和替代的,它能

① 康维铎.略论德育的导向功能[J].唐都学刊,1991(4).

以自己特有的内容和方法，通过开展爱国主义、集体主义、社会主义教育和共同理想教育等把分散的个体凝聚起来，形成强大的合力。尤其在当前全面建成小康社会、加快推进社会主义现代化、实现中华民族伟大复兴的历史进程中，我们必须重视通过德育来增强中华民族的凝聚力。而中国优秀传统文化作为中华民族的血脉，具有特殊的民族凝聚功能。中国传统文化的优秀内核，是中华民族凝聚力的重要来源。中华文化所包含的爱国主义精神是中华民族凝聚的巨大推动力；大一统作为一种价值观念和思想体系，是中华民族向心力、凝聚力的源泉；中华文化的包容和整合特性是中华民族凝聚力的来源；中华文化所包含的道德伦理和风俗习惯规范对中华民族凝聚力的形成发挥具有重要的作用。因而，现代德育必须重视利用和发挥中国优秀传统文化的凝聚功能。

2. 内容方面的联系

优秀传统文化与现代德育在内容上有着十分紧密的联系。

(1)“三观”教育上的联系

世界观、人生观、价值观教育是德育最重要也是最根本的内容，德育教育如果不注重引导人树立正确的思想观念，那么其他的道德问题、习惯问题、社会风气等诸多问题都无法得到根本的解决。在“三观”教育中，世界观教育在于引导人树立马克思主义的辩证唯物主义世界观和方法论，价值观教育在于引导人们形成正确的集体主义价值观，人生观教育在于引导人正确地认识人生理想、人生道路，进而形成正确的人生态度。而在现代德育与优秀传统文化中都有着眼于“三观”教育的内容，比如在优秀传统文化中，对于生死、荣辱、公私等问题都给出了很多精辟的观点，至今这些观点对我们“三观”的形成都有着一定影响。再比如在传统文化中，虽然没有明确的集体主义价值观，但诸如“穷则独善其身，达则兼济天下”，“先天下之忧而忧，后天下之乐而乐”等诗句的思想中，所表达的都是集体主义价值取向，引导人们要有博爱精神、集体主义精神等。

(2)爱国主义教育上的联系

爱国主义是中华民族的光荣传统,其不仅在很大程度上推动着中国社会前进,同时也成了中华儿女的共同精神支柱。[①]在德育教育中爱国主义教育是重要的内容,在我国优秀传统文化中,爱国主义教育也有鲜明的体现,比如对于如何爱国,在诸多名人事迹、革命烈士事迹、文化典籍中都留下了丰富的教育篇章,在这些篇章中都充分洋溢着爱国精神,而这种爱国精神至今都深深地感染着我们每一个中国人。从“天下兴亡,匹夫有责”中我们可以感受到,爱国是不分等级不分年龄的,它是每一个中国人都肩负着兴国的责任。从“平生铁石心,忘家思报国”中我们可以明白爱国是大爱,没有大爱谈何爱家,只有大家兴旺,小家才能幸福安康。正是从这些优秀的诗句、文章中,我们强烈地感受到了爱国主义精神,也是这些洋溢着爱国精神的教育篇章,让我们民族更加团结凝聚,使得我们能够在几千年的历史长河中,不论是历经坎坷或者动荡,我们依然在当今世界民族之林中屹立不倒。

(3)理想信念教育上的联系

信念是人对某种现实或者观念抱有深刻的信任感和追求感,一个人不能没有信念,如果一个人没有信念,那么其生活将毫无意义,其生命也就没有灵魂。理想是以一定的信念为基础的价值目标体系,是人的精神生活的最高层次。从古至今,无论是人还是国家,其发展都必须有理想和信念的支持,在理想和信念的支撑下,人和国家都会赋有灵魂以及前进的动力。就我国优秀的传统文化而言,儒家文化中所提出的“中庸”“修身”“治国”“平天下”等观念,都可以算作为一种理想信念,比如其中的“平天下”而言,想要实现天下太平,首先就需要有平天下的信念和理想,进而才能为天下太平而奋斗。而在现代德育教育中,理想信念也具有十分重要的地位,其是德育教育的灵魂。德育教育中的理想信念包括社会主义理想信念教育以及马克思主义信仰教育等。由此也可以看出优秀传统文化与现代德育在理想信念上有紧密的内在联系。

---

① 寇翔.浅析我国优秀传统文化与现代德育的内在联系[J].文学教育,2018(5).

(二)基于传统文化的大学生德育的原则与路径

1. 以优秀传统文化为载体开展德育的原则

(1)以人为本原则

大学生是接受教育的主体,在以优秀传统文化为载体开展思想政治活动的过程中,应该充分地考虑如何联系学生实际情况,以充分发挥传统文化的“育人”属性,以“育人”为根本出发点,更有针对性地确定教育主题、甄选教育内容、设计教育形式、创造教育环境和选择合理有效的教育手段,使之能充分调动大学生参与教育教学活动的积极性,使受教育主体能在教育过程中有更好的学习感受。同时要更多地思考大学生通过教育活动能收获什么,实际收获的是知识、品质还是情感。

(2)全面发展原则

以优秀传统文化开展德育工作时,不但需要突出“德”的重点,还需要关注学生的全面发展。应该利用优秀传统文化的丰富内涵,激发学生的想象力和创造力,兼顾学生的个性发展需求。应该科学地设立教育目标系统,而不是设立单个的教育目标,力求实现助力学生全面、协调、可持续的发展。

(3)相互适应原则

人是不能离开社会独自存在的,但是人又是相对独立的个体,因此人是具有社会性和个体性的双重特性。如果过于地强调个体的社会责任,而忽视了对个体的关怀,会使受教育主体脱离于教育过程之外。因此在以传统文化开展德育时,不能一味地引导学生个体去满足社会的需求,更应该利用传统文化中人文关怀的属性引导学生,寻求社会发展的需求与个体发展需求相互适应、相互融合。只有每个个体都全面发展,才能促进社会的全面发展,社会的全面发展又能服务于个体的全面发展,以此达到两者的相互适应和协调发展。

2. 基于传统文化的大学生德育的路径

(1)加强课堂教学管理

课堂是学校培养人才的主战场,素质教育贯穿于教学过程的始终,课堂教学是提高学生基础素质的关键，是实施素质教育的主要途径。[1]高校应该抓住课堂教学这个关键，改革教学方法，让中国优秀传统文化融入课堂中，尤其是与德育相关的思想政治理论课，让课堂发挥“主战场”作用。首先，在学校主要思想政治理论课中，增加中国优秀传统文化教学内容，采用现代化软件、翻转课堂、课前小演讲等新颖的教学方式，让学生喜欢学、学得懂、理解透，并不是一味地向学生灌输理论知识。其次，学校可以开设多种多样的中国优秀传统文化相关选修课程，让学生在学习自己主要专业课程之余，能有更多的机会了解中国优秀传统文化，并且设立答疑解惑课程与现场讨论课程，激发学生的学习积极性，让学生对中国优秀传统文化有正确的认知。

(2)加强校园文化建设管理

校园文化作为一种环境教育力量，具有强大教育引导功能。创建一种能够陶冶学生的情操、构筑学生健康的人格、全面提高学生素质的氛围，是校园文化建设的终极目标。中国优秀传统文化要融入高校德育教育工作，就必须加强与中国优秀传统文化相关的校园文化建设，让学校师生在校园文化建设中发挥主观能动性，实现校园文化全员共建。

学校领导及教师要起引领作用，以中国优秀传统文化为行为准则，在平时的工作、生活中要有中国优秀传统文化的影子，遇到学生不尊重，甚至诋毁中国优秀传统文化的行为应及时制止并纠正。在校园内张贴中国优秀传统文化的宣传海报，对学生干部进行教育，让学生干部在学生中间做好带头作用，社团多举办以中国优秀传统文化为主题的校园活动、知识竞赛。对于校园内的好人好事、道德模范加大表扬力度等一系列措施，使学生沐浴在中国优秀传统文化的氛围中。总之，校园文化建设是中国优秀传统文化融入高校德育教育工作的重要保证。

(3)调整课程设置

弘扬中国优秀传统文化的关键在教育，而当下高校德育恰巧缺乏核心，泛

① 谭旭红，孙彦雷．中国传统文化与高校德育教育融合的途径[J]．继续教育研究，2019(2)．

泛而不集中，缺少主题，这使得高校德育建设没有力度，缺乏说服力。建议在高校普遍开设传统文化课，将传统文化教育作为学生的必修课程，列入教学大纲，纳入学校教育内容体系中。比如，开设经典诵读，把《三字经》《千字文》《增广贤文》《老子》《庄子》及四书五经和唐诗宋词等经典著作，当作德育教材，把祖国传统文化所宣传的“孝、悌、忠、信、礼、义、廉、耻”八德作为高校当前进行德育教育的基本内容。以课程为载体，以中国优秀传统文化精髓为依托，对学生进行为人处事、学习生活所应具有的道德规范、意志品质、行为习惯教育。通过教育，学生在了解中国优秀传统文化历史、学习传统文化知识的基础上，领悟其精华，弘扬其美德，真正成为严于律己、善待他人、关心社会、受人敬重的社会所需人才。

(4)调整教育形式

在校大学生道德的维护和素质的形成受环境的影响非常之大，一个健康向上的校园环境对学生思想主流的形成有着潜移默化的作用。因此，要积极营造一个有利于弘扬中国优秀传统文化的校园环境和社会环境，努力拓展传统文化的舆论空间，在教室、宿舍、食堂、操场、主干道等每一个校园角落，设置标语、图片、宣传画，展示中国优秀传统文化，让广大学生处处生活在一个充满传统文化的氛围之中，时时接受传统的教育；学校要利用所有的宣传媒体手段，通过开设专栏、创办专刊、创建网站，大力介绍中国优秀传统文化，开展传统文化研讨活动，加大宣传力度，形成舆论环境；利用艺术专业开展以弘扬传统文化为题材的创作演出活动，让传统文化走上艺术舞台，鼓励学生创作有关传统文化的影视作品和文学作品，强化全校学生对传统文化的保护意识，这样就能弘扬健康向上的传统文化，培养学生自觉自律的良好习惯。

(5)调整教育手段

目前，高校加强学生道德教育手段单一，形式陈旧，主要还是以说教、课堂教育为主，很多思想政治工作者常常有这样的感觉，对学生已经是“动之以情、晓之以理、告之以法”了，但教育的效果就是不明显，有些学生一犯再犯校规校纪,或者说根本就是缺乏自我约束的意识和本能。对于这种现象,我们不能一味以传统的说教、灌输来强制性要求学生去遵守校纪校规。学生不能自我约束,一方面是因为行为主体缺少思想信奉和意识核心,另一方面是因为学生对现行的教育方式有抵触情绪,这也导致教育功效不大。

引入中国优秀传统文化,可以弥补思想政治教育内容上的空洞,尤其是"君子喻于义,小人喻于利"(《论语·里仁》)、"见利思义"(《论语·宪问》)的为人道理,更是比政治教科书的条文有感染力和说服力。

不要把课堂作为道德教育的唯一阵地,可以以学生公寓、社区为单位,让传统文化走进社区、走进宿舍,让德育离学生近些、再近些,这样,枯燥的说教就因为距离的拉近而显得更有人情味,更容易被学生所接受。此外,还可以把我国的传统文化做成网页、网站,利用动漫、视频等手段加大对传统文化的宣传力度。

(6)加强网络建设

高校德育工作者应将网络环境建设当作高校德育建设的重要对象,以期能充分发挥其隐性育人的强大功能。

首先,学校应加快校园网络的建设,优化传统文化与网页制作的融合问题。校园网络的建设首先在于加快高性能的硬件设施建设,为校园打造一个畅通与覆盖全面的校园网络环境。传统文化的隐性教育与网络的主要结合之一在于传统文化与网页设计的融合。所以,在加强硬件建设的同时,应该加强相关网页的制作,做到把传统文化不着痕迹地融合到各种网页形式中去,确保校园网上能处处彰显中华民族优秀文化的精华。

其次,要借助网络载体的优势,构建新型的传统文化德育阵地。这就要利用网络载体的优势,建立一批高校传统文化德育的专业网站,形成传统文化德育工作的网络体系。当然,纯粹的说教显然不能吸引读者的注意,只有充分发挥电脑多媒体技术的潜力,开展富有知识性、娱乐性和参与性的文化活动,使网上传统文化德育内容图文并茂、声像俱全,才能吸引广大大学生的积极参与，从而达到理想的育人效果。这样就能使大学生在网上漫游中、在玩乐中，潜移默化地接受道德教育。

最后，要规范学生的网络行为，净化网络环境。新时期的网络传播存在速度快、内容杂、影响广等特点，而网络的规范一直都跟不上网络传播的速度。如果网络的开放性是其最大的优势，那么，其带来的不良影响也是其最大的弊端。基于此，高校应对校内局域网传播的信息文化进行审查和监控，当然，完全的监控很难实现，但是，可以对学生文化消费进行引导，从而阻止不良思想理念对学生的入侵，防止各种垃圾文化的传播，为大学生营造一个良好而健康的网络文化环境。

第八章 中国传统文化在家庭教育中的应用

中国传统文化在我国已经传承了上千年，对我国的家庭教育思想也产生了重要影响。

第一节 家风家训对传承中国传统文化的意义

一、家风家训的内涵与特征

（一）家风家训的内涵

家风，又称门风，指一个家族中家庭成员整体的生活方式与行为习惯等，也指一个家族多年传承下来的传统道德风气。优良家风的内涵极其丰富，其核心是致力于培养具有高尚道德情操的人，引导每一位家庭成员崇德、向善，在拥有家国情怀的同时为家庭和社会作贡献。自古以来，中国人民都很重视家风的培育，正所谓“家和万事兴”，只有家庭和睦了，社会才能和谐。不论是封建时代的耕读为本、诗礼传家，还是当今社会中的爱国、守法、友善、诚信、勤俭、自强等美德，都在不断滋养着中国人民固有的家风。家风是一个家族通过他们的生活方式、行为习惯、道德准则、为人处世等生活过程中逐渐形成的家庭风貌风气的总和。它代表着家庭的整体风范，是每一位家庭成员需要恪守的行为规范和道德操守，是家庭和睦的重要因子，更是社会结构中的基本细胞。优良家风反映了一个家族的成员在日常生活中形成的美好品德与习惯，彰显了中华民族特有的精神特质，规范着中华儿女的道德行为，更传承和弘扬了中华民族的传统美德。

家训家规是古代以家庭为范围的道德教育形式，也是中华道德文化传承的一种方式。[①]由于历史上流传下来的家训家规往往都是士大夫家庭或家族所

① 陈来．中华传统文化的家训家规及其现代意义[J]．月读，2019(9)．

制定，这些家训家规的原始作者多是文化名人或有名的官员，社会影响较为广泛。因此，这些家训家规的功能远超出对本家族的教育作用，而成为社会教育的一种独特形式，为社会上的一般家庭提供了范本和楷模。这些家训家规对其原家族的繁衍发展起了重要的保障作用，容易引起后世更多人的关注和效法，从而使得家族内的家训、规诫成为道德教育的普遍教材。

（二）家风家训的基本特征

家风家训的基本特征主要有两个方面，分别是时代性与传承性。家风家训是一种源远流长的社会教育，它既存在于我国几千年来的古老文明之中，又存在于当今中国特色社会主义文化之中。不管时代发生怎样的变化，优良家风家训都会随时代的发展而长盛不衰。家风家训是端正个人行为作风、滋养社会风气的源泉。现如今，中国特色社会主义事业已经进入新时代，培育优良家风家训已然成为祖国繁荣昌盛、中华民族生生不息的重要精神力量。同时，家风家训作为社会的折射，必然会体现出一定的时代色彩，对社会风气也会产生一定的影响，而这正是家风家训所体现出来的时代性特征。

对于家风家训的传承性而言，优良家风家训是中国传统文化在传承过程中形成的精神文明。优良家风家训传承着无数英雄烈士为争取民族独立、人民解放而英勇牺牲的革命力量；传承着各族人民为建设新中国而披荆斩棘的精神气概；传承着全国人民齐心协力、万众一心、振兴中华的时代强音。所以，我们更应该将这份优良的家风家训文化传承下去。传承优良家风家训要坚持批判继承，推陈出新；对于祖辈留下来的家风文化，应深入挖掘、科学鉴别，既要保留其珍贵的文化，又要用辩证的眼光在扬弃中传承优良家风家训文化，实现家风家训文化的创新与发展。

二、家风家训对传承中国传统文化的重要意义

家是最小国，国是千万家。家风是民风、政风、社会风气的源头。家风的培育和建设，事关家庭和睦，事关社会和谐，事关全民族的文明进步。家风，是前行的风帆，能不断开启人生新航程；家训，是人生的戒尺，要不断对照着自警

自励。习近平总书记在会见第一届全国文明家庭代表时强调,家风是社会风气的重要组成部分。家风好,就能家道兴盛、和顺美满;家风差,难免殃及子孙、贻害社会。习近平总书记在全国妇联新一届领导班子集体谈话时强调,千千万万个家庭的家风好,子女教育得好,社会风气好才有基础。家风是一个家庭的精神内核,也是一个社会的价值缩影,良好家风和家庭美德正是社会主义核心价值观在现实生活中的直观体现。家风家训文化强调"自强、公忠、廉洁、修身、崇德、好学、勤俭、孝慈、敬业、乐群、尊礼、重义、诚信"等理念,具有鲜明的民族特色和时代价值,是中华文明传承至今没有中断的根基,是我们坚持文化自觉的底气、坚定文化自信的底色。中华民族千百年来积淀下来的优秀家风,主要包括"睦亲勤俭的治家之道、蒙以养正的教子之方、重品崇德的修身之法、亲仁济众的处世之则"等内涵。①

传统家风家训有着十分明显的教育功能,把政治与教育结合起来,把道德教育与人格修养纳入封建伦理纲常的范畴,以"合乎礼义"作为人的言行规范和处世艺术来训示后代。这种政教性是家训的终极目的。历代家训把现实行为的可操作性与未来人格的思想性相结合,能够切合不同年龄阶段子弟的身心特点,有针对性地施以各种教育,并把外在的行为规范升华到内在的品质要求。在封建时代,家风家训文化的伦理教化功能为儒家"修齐治平"的政治伦理思想和理想人格模式的实现提供了基础。中国传统文化是中华民族在长期历史发展中所形成的思想粹质、精神宝典与道德砥石,蕴涵着天人合一的宇宙观、协和万邦的国际观、和而不同的社会观、从优向善的道德观,尤其是以爱国、敬业、文明、和谐、清正、廉洁、诚信、谦谨、公平、正义、友善、兼爱、变革、鼎新等为核心内容的人生观与价值观。凡此种种,都是我们宝贵的精神财富。无论时代怎么发展,社会如何变迁,作为一个优秀的民族和一个高尚的人,都应当秉具这样的道德品格,闪耀这样的精神光彩。一种文化的活力不是抛弃传统,而是在何种程度上吸收传统、再铸传统。掌握前人积累的文化成果,我

---

① 方晓珍.家风家训传承视域下中华优秀传统文化的现代价值探究[J].池州学院学报,2021(5).

们才有作为文化传承创新可能性的起点。对于任何一个民族来说,优秀传统文化都是安身立命之本。抛弃传统,就等于割断了自己的精神血脉和文化之根。庞朴先生说:“文化传统是不死的民族魂。它产生于民族的历代生活,成长于民族的重复实践,形成民族的集体意识和集体无意识。简单说来,文化传统就是民族精神。”①中国传统文化所蕴含的价值观念、思维方式、行为规范、审美风范,既有强烈的历史性,又有鲜明的时代性,它影响着当代的中国人,为我们开创新时代中国特色社会主义文化提供历史的根据和现实的基础。

中国传统文化是我们的血脉与根源,是最深厚的文化软实力,也是建设新时代中国特色社会主义文化的沃土。新时代我们必须坚持古为今用、取其精华、去其糟粕、守正创新的原则,一要注重梳理研究中国传统文化特别是家风家训文化中“向上向善”的道德资源,传承并弘扬家训家风文化中的家国情怀,发挥其价值引领作用。二要注重借鉴完善中国传统文化特别是家训家风文化中的教育方式和经验。中国传统文化不仅仅作为道德理想或者观念形态的文化,更为重要的是,它通过家风家训的传承与发展,已经深入人们的日常生活之中,成为中国人特有的价值观念、思维方式和生活方式。通过礼仪和制度来发挥潜移默化的教化功能。三要注重增强推动中国传统文化包括家风家训文化创造性转化的文化自觉。中国传统文化为中华民族的发展壮大提供了丰富滋养和精神支撑,孕育了中华民族的优秀精神品格和崇高的精神追求。但要看到,传统文化在其形成和发展过程中因受到时代条件、社会制度的限制具有局限性,需要进行创造性转化和创新性发展。家风家训也要因时制宜地进行创造性转化和创新性发展。

三、家风与中国传统文化的关系

家风是中国传统文化经过数千年的演变而逐渐形成的行为准则,是每一位家庭成员都要牢记在心中、践行于行动的品德要求。因此,培育优良家风要

① 庞朴.庞朴学术文化随笔[M].北京:中国青年出版社,1996:69.

不断地从中华民族优秀传统文化中汲取丰富养料,找寻明确指引正确价值观的风向标。培育优良家风对于继承和发扬中华民族的优秀品质和民族力量具有重要意义。在中国特色社会主义核心价值体系的引领下,培育良好的家庭风气与传承中国传统文化相得益彰,珠联璧合,共同促进社会主义精神文明建设。

(一)中国传统文化是家风培育的思想文化来源

近年来,我国着力推动提升文化自信,将中国传统文化视为治国理政的重要参照,并把中国传统文化与习近平新时代中国特色社会主义思想相结合,实现了对中国传统文化的创造性转化和创新性发展。中国传统文化历经上下五千多年的发展,已经成为中国特色社会主义文化的内在精髓,对中华文明的延续和人类社会的进步发挥了重要作用。中国传统文化在日常生活中给人们指引了正确人生观与价值观的方向,是培育优良家风的思想来源,是留给每位中华儿女的宝贵文化财富。随着时代的变迁,中国传统文化经过丰富的沉淀后而历久弥新,正潜移默化地影响着万千同胞的家风思想。因此,在21世纪的今天,我们要把培育优良家风摆在正确位置,在培育家风文化的过程中,挖掘中国传统文化的精华。良好的家风思想是从传承中国传统文化的过程中不断总结和提炼出来的,如果抛弃了传统而盲目进行家风教育,就等同于割弃了自身的精神命脉。

(二)家风是传承中国传统文化的重要载体

培养优良家庭风气是中国传统文化在传承和发展过程中的生动表达形式。而连接个人、社会以及国家领域的一个重要纽带就是“家”。优良家风与中国传统文化的基因一脉相承,中国传统文化为培育家风提供养料,二者水乳交融。良好的家风是维持当今社会稳定的基础,更是构建和谐美好社会的重要载体。家风的教育领域非常广泛,从文明礼仪到孝敬亲友,从行为习惯到伦理道德,像是中国传统文化的一面镜子,是其最真实的写照。宏观抽象的道德理论只有借助生动具体的微观载体才能在日常生活中充分体现,并不断地展示其鲜活的生命力。中国传统文化是抽象的,而家庭风气却是具体可实现的,正是因为有了家风这个载体的帮助，中国传统文化才得以更好地传承。

（三）优良家风的培育与中国传统文化的传承同向同行

传承中国传统文化与培育优良家风，都必须坚持以社会主义核心价值体系为指导。中国传统文化代表着中国特色社会主义文化的血脉根基，是新时代中国特色社会主义建设深厚的软实力。同时，家风传承着中国传统文化中的美德文化，其中包含的优良品德与社会主义核心价值体系中的爱国、敬业、诚信、友善等要素相契合。我国的家风文化是践行中国特色社会主义文化的理论保障，既是中华民族历代传承下来的宝贵文化遗产，又是中华儿女一直以来谨记在心的道德伦理支撑。家风文化与中国传统文化都包含着践行社会主义核心价值体系的精神引领。在社会主义现代化建设中，优良家风的培育与中国传统文化的传承同向同行，二者逐渐相融，它们的内核与社会主义核心价值体系的内涵具有一致性。新时代，我们要将中华民族世代传承下来的优秀传统道德运用于滋养优良家庭风气的进程之中，坚定不移地走中国特色社会主义道路。

四、家风对传承中国传统文化的作用体现

随着时代的不断演变，人们对于文化的需求逐渐趋于多元化，各有特色的思想潮流相互碰撞，致使中国传统文化遭受冲击。在当代，培育优良家风可以将中华传统美德植根于青少年的内心，并通过培养青少年的优良品德，实现对中国传统文化的传承和弘扬。在优良家风的培育下，青少年可以茁壮成长；拥有优良家风的家庭，势必会对社会产生推动作用，引领全社会道德风气。因此，要在家风的培育、建设与优化中，发挥其对传承中国传统文化的作用。

（一）家风培育为传承中国传统文化拓宽路径

家风家训作为每个家庭成员在生活中需要遵守的日常行为标准和道德伦理规范，不但可以成为一条维护家庭和谐发展的精神纽带，还可以在传承中国传统文化的过程中为其提供有效路径。中国传统文化作为一种意识观念，如果脱离了实际行动或者只存在于表象，就失去了其存在的意义。培育优良家风，既能让中华儿女从小受到中国传统文化的熏陶，又能够将这种意识观念落

实到家庭行动中去，从而使中华民族的传统文化得以传承与延续。弘扬我国极具特色的中国传统文化，应该践行到行动。在学生时代，学生可以从书本上学到许多知识，而在家庭之中，孩子的一言一行都来源于父母。只有父母、长辈以及亲友在家庭中起到模范带头作用，传承中国传统文化才能得到保障；只有包含中国传统文化的家风扎根于人民群众之中，并且由家风文化起带头作用，才能引领一个时代的思想潮流。

（二）家风建设为传承中国传统文化丰富内容

家风的客观实践性极强，这是因为各家各户的传统不同，所以他们传承的家风文化也不相同，这使得每个家庭传播的中国传统文化内容丰富多彩。中国传统文化是在爱国主义精神和民族壮大发展的基础上建立起来的，它体现了中华民族优良的道德品质。从宏观角度上来讲，千万家庭都有着对中国传统文化共同的价值追求；而在建设优良家风的过程中，我们又从家风建设的各种角度来弘扬中国传统文化。中华民族的家风文化是朴实无华的，其内容是中国传统文化真、善、美的象征。正如《弟子规》中所述，“父母呼，应勿缓”“兄道友，弟道恭”……这些都是中国传统文化的体现。[①]在优良家庭风气的培养过程中，我们不但传承了中国传统文化中的文明礼仪与道德廉耻，更使得中国传统文化的内容多姿多彩。

（三）优良家风为传承中国传统文化创造环境氛围

家庭是每个人成长的摇篮，家庭环境对家庭成员思想教育的形成和发展有着深刻的影响，同时对于中国传统文化的传承也有重要的推动作用。代代相传的家风是我们延续美德的主要基石，优良家风的形成会促进中国传统文化的传承。要想实现中国传统文化的持续发展，需要我们以优良家风内涵为基础。正如“孟母三迁”中的孟母，其对于优化家风环境有着执着追求，屡次搬迁住址，目的在于创造良好家庭风气，提升家风影响力。也由此，她培养出一位伟大的思想家、教育家——孟子，而孟子后来也在不断地向后人传播中国传

① 柳思为．家风对传承中华优秀传统文化的作用[J]．文化产业，2022(19)．

统文化。这足以证明优良家风对于中国传统文化的传承至关重要，它既有助于构建和谐社会，也能引领道德风尚。家风纯正则民风淳朴，民风淳朴则社会和谐。在21世纪的今天，我们要在实际行动中不断优化家风，带动周边形成良好的社会风气，促进社会主义精神文明建设，为传承中国传统文化创造良好的环境氛围。

五、扎实推进家风家训文化建设落地生根

习近平总书记指出，家训是家庭的核心价值观，家规是家庭的“基本法”，家风是家族子孙代代恪守家训、家规而长期形成的具有鲜明家族特征的家庭文化，是每个家庭成员“三观”的基石。继承和弘扬中国传统文化，成为优良家风建设不可或缺的重要一环。良好的家风，不只是家族重要的精神食粮，也是民族共同的宝贵财富。家风教育是思想道德教育的重要组成部分，一个家族的家规家训不仅承载祖辈对后代子孙的希望和鞭策，也同样体现了民族的文化传承。目前学校道德教育中一定程度上存在理想化、空泛化、形式化的缺点。部分青少年知道一些空洞的大道理，但对最基本的道德要求却不清楚、不践行，不能正确判断现实生活中美与丑，有的甚至还受到社会上不良行为的影响。所以，在一般意义上强调伦理道德没有多大实际意义，反而容易导向道德虚伪，倒是加强家训家风文化建设更能收到实效。以家风家训家规为代表的家族文化是最富于人性的文化，是最有人文关怀的文化。家族文化是我国传统文化的重要组成部分，是人才成长的摇篮，也是我们心灵归属的精神家园。心中有了这个“家园”，我们就知道，应该做些什么，可以做些什么。新时代要将家风家训文化中的精华发扬光大，积极探索家训家风文化建设的新路径。

(一)抓好家风家训传承

家风家训是家庭的精神和灵魂。一个家庭故事，一段家庭记忆，都可以教化家风。传承好家风，要在落细、落小、落实上下功夫。可开展经典家训入户活动，从优秀家训资源，如革命家训和传统家训家规、治家格言、成语典故、楹联、俗话词语中选编成文，通过媒体、网站、微信、微博等采用公益广告、短信的

方式进行广泛传播，以教育家人、影响世人。文化传统的继承必须借助一定的文化载体才能实现。我们正身处信息化时代，利用电视广播、网络媒体等传播媒介对于发展中华优秀传统家训文化是有相当大的条件优势的。如广播电视台推出的文化节目《丝路家训》，将中华优秀传统家训引入电视节目之中，该节目提炼规划出十二个不同主题，邀请相关学者结合社会实际进行激烈讨论，为传承弘扬中华优秀传统家训文化作了身先士卒的表率作用；又如央视播出的《百家讲坛》之郦波评说《曾国藩家训》[①]，以通俗易懂的讲解俘获了大部分观众群体的喜爱并大受追捧，甚至曾一度引发“家训潮”。如此可见，信息自媒体的出现，大大便利了文化的交流与传承弘扬，增进了大家对优秀传统文化尤其是中华优秀传统家训文化的价值认同感，是我们必须掌握且要充分利用好的法宝，以此拓宽传承中华优秀传统家训文化发展的方式。

高校和相关部门要组织编辑出版《家训化育家风》《家书化育家风》《中华传统家风文化学生读本》《红色家书青少年读本》等书籍，向全社会推广学习，养成自觉传承的风气。

(二)要抓好家风家训培育

家风家训，必须与时俱进。不同的时代，家风有不同的内涵。当今新时代，以爱国、崇德、创新为重，应当充分发挥家风阐释教化社会主流价值观的桥梁和纽带作用，让家风成为培育和践行社会主义核心价值观的有效载体。要围绕家风教化、家风约束、家风导向、家风传承、家风培育等，组织开展系列活动，抓好典范家庭的宣传，树立标杆，在各类媒体开设“美德家庭榜”“怎么持家大家谈”“我说家风”“我家家训”“家风故事”等栏目，引导人们以真实生活为基础，通过谈体会、讲故事、写文章等方式，深入交流持家心得，从我做起，从家做起，从平凡事做起，精心培育优秀家风。

(三)要抓好家风家训引领

家风家训有共性，但因家族家庭千差万别，家风家训也会各有特色，存在

① 殷开林，王一钦．中华优秀传统家训文化及其路径探析[J]．汉字文化，2022(11)．

差异性。有个性特色，才有生命力、影响力、辐射力。爱国、敬业、孝顺、友善、正直、善良、勤俭等理念是每个家庭家风中都应具备的基本价值取向，在此基础上，提倡家风建设的多样化，根据家庭传统、家庭成员职业、持家理念的不同等，形成每个家庭的家风特色，如军人家庭的忠诚卫国、公务员家庭的廉洁奉公、经商者家庭的诚信从商等，使家庭更具生机活力，社会更加文明。优秀家训家风往往能起到非常好的示范引领作用。

(四)要抓好家风家训践行

重在行动、贵在坚持、久久为功。要组织开展“家风文化进校园、进社区、进乡村、进家庭”等系列活动，推动“爱国敬业、尊老爱幼、读书好学、勤俭持家”的美德家庭创建。要把家风建设与文明城市创建活动相结合，在家庭大兴“互助、诚信、敬业、勤俭、孝敬”之风，让群众对家风进行道德评议。广泛开展“邻里守望”主题活动，举办经典诵读、道德论坛、文化讲堂，提升城乡居民文明素养，为家风建设构建良好的社会氛围。

优良的家风往往是经过几代人的不懈努力而形成的。不同的家庭，家风的呈现形式不尽相同，有的是无形的言传身教，隐含于每个家庭成员的日常行为中；有的是有形的文字，被称为家训、家诫、家范、家书等，成为当世乃至后世人奉为教育子孙的圭臬。优良家风的培育离不开家训文化的滋养。有良好家风的社会，必定是一个健康向上、文明进步的社会。家训家风虽然不能涵盖社会主义核心价值观的全部，但却是人们价值观形成和精神成长的重要起点。所以，建设一个风清气正的道德中国需要从家庭到个人、从国家到社会多方面的长期的持续努力。

第二节 家书与中国传统文化的传承

一、家书与家书文化概念

(一)家书概念

家书的概念，需要从“家”和“书”这两个字的含义开始说起。“家”字，许慎在《说文解字》中解释为在同一个屋檐下拥有共同财产(猪)的人,这是家最初的含义。在许慎的《说文解字》中"书"的含义是指写在竹简、布帛上的文字到了春秋战国时期,"书"才具体为"书信",而一直到了明代,书具体指私人之间的信件往来才进一步确定下来了。

古往今来,人们对家书定义的认知较为统一,家书主要是亲人之间的书信往来,无论直系、旁系亲属均属家人的范畴。家书作为一种实用性的文体,源自人们沟通交流的客观需要。当然,对家书的概念界定有着广义和狭义两个层面的理解。张丁还提出,家书的概念可以分为狭义和广义:"广义家书"通常指所有私人信件。从狭义上讲,家书只是家庭成员之间的通信。本书既关注狭义的家书,也关注新时期、新形势下家书形式的发展变化。

(二)家书文化的概念

家书文化是中华传统文化的一个重要组成部分,探讨家书文化离不开对文化内涵的理解。对于什么是文化,虽然学者的界定各有差异,但集体意识、生活方式、精神价值等依然是各个定义中所广泛存在的一些共性词,文化源于生活但又超脱于生活,属于人类精神世界的范畴。

家书文化作为文化的一个子类型,是建立在家书发展演变历史基础上的,包括载体文化和内容文化两个部分。其中载体文化主要包括文字、书写材料两个部分,内容文化则主要是指家书背后所蕴含的哲理、洞察世界的智慧等,包括情感的表达、见解的抒发等,是中华传统文化的重要组成部分。对于什么是家书文化,目前尚未形成一个统一的概念界定,综合当前各个学者的观点,本书认为,家书文化是以家书载体及其内容背后蕴含的精神、价值观念以及家书载体等的总和。家书文化因家书的起源、发展而不断演变,其载体形态因时代的不同而有对应的差异性。

二、家书中蕴含的中国传统文化

(一)倡导家庭的和睦、幸福、文明

东汉史学家荀悦在《申鉴·政体》中提到:"问明于治者其统近,万物之本在

身，天下之本在家。"家庭是社会的细胞，尽管时代在不断变化，经济社会在不断发展，但是家庭的社会功能、文明作用无可替代，家书中蕴含的传统家庭美德永远"活"在当下。《二十四孝》人物之一王祥，以"卧冰求鲤"而闻名于世，临终前告诫子孙："夫言行可履，信之至也；推美引过，德之至也；扬名显亲，孝之至也；兄弟怡怡，宗族欣欣，悌之至也；临财莫过乎让；此五者，立身之本。"王祥提出的信、德、孝、悌、让，可谓五字真言，字字珠玑。家庭的和睦、幸福与社会安定、祥和息息相关，家书中渗透着孝悌忠信、兄友弟恭、克勤克俭、耕读传家、妻贤夫安、家和万事兴等中华民族传统家庭美德，融入中华民族血脉，生生不息，世代相传。

（二）注重言传身教，倡导崇德向善

家书是家庭教育的重要载体，融显性教育与隐性教育于一体。家书所体现的家教传承功能在当今时代显得具有深远的意义。西汉刘向担心幼子刘歆少年得志，骄傲自大，于是通过家书加以劝勉，《诫子歆书》曰："受福则骄奢，骄奢则祸至。"刘向教育儿子得志时不骄傲，保持清醒头脑，小心认真地做好本职工作，以求免除祸患，后来正是由于父亲的言传身教，刘歆学术成就非凡，成为一名百科全书式的学者。《傅雷家书》充满着父爱和对儿子呕心沥血的教导。正是通过家书，在傅雷夫妇的"唠叨"和"说教"下，傅聪成长为世界著名钢琴演奏家，享有"钢琴诗人"之美誉。中国父母对子女的关爱和责任，就是以这种方式进行言传身教，教知识、育品德，帮助孩子扣好人生的第一粒扣子。

（三）提倡积善之家，弘扬优良家风

家风犹门风，指一个家庭或家族的传统风尚。家风对家庭成员个人品质和行为的养成具有深远而较强的教化作用。家书将历代先贤所倡导的修身养德、立身治家、人生体悟寄予后人，发扬光大，彰显了一个家庭的家风。早在三国时期，诸葛亮通过短短八十余字的《诫子书》把个人的修身养德、治学成才的经验语重心长地传授给子孙后代，如"夫君子之行，静以修身，俭以养德，非淡泊无以明志，非宁静无以致远"等脍炙人口的诸葛亮诫子格言千载流传。梁启超的子女众多,他通过日常一封封家书表达了对子女的关心和热爱,倾注了对子女修身养性、学业、人格磨炼的启发诱导。梁启超五子四女人人成才,各有所长,梁氏一家可谓“满门俊秀”,梁思成、梁思永、梁思礼是中国科学院院士,而往返于父亲与子女之间的家书是梁氏家族的一个宝藏。一种好的家风泽被后世,造福社会。

三、家书文化的特征

(一)朴实深厚的情感流露

家书最初的功能就是家人之间进行情感交流的重要媒介,在流传至今的众多家书中,字里行间流露的是家人之间朴实深厚的情感。这些家书中既有长辈如父母对子女的殷切希望、谆谆教诲和严格要求,也要兄弟姐妹之间的相扶相助,互相督促,更有夫妻之间的爱慕思念之情。家书因为主体、受众之间有着血缘、姻缘的牵挂,自然而然地在书信中就不会伪装自己,字里行间所表露出的更多的是一种真情实意,即情真意切。也正因为这种情感表达的需要,因此在语言风格上自然追求朴实无华,大部分的家书中唠叨的是人情世故、家事国事,从文学的角度而言自然要差一些,但其情感层面的价值却是无可否认的。当然,也有一些家书特别是名家家书是集思想性、艺术性、时代性等为一体的,是不可多得的文化瑰宝。也正是因为家书中朴实深厚的情感流露,才能让人从中受到心灵的洗礼与震撼。在这个人与人之间日渐冷漠的时代中,重新温习那些流传下来的经典家书,不仅可以感受到了伟人们的智慧,更能从中体验到一种至真至妙的情感体验,这是其他方式所无法取代的。

(二)贴近生活但又不局限于生活

一封优秀的家书必然是源于生活的,倾诉着朴素的情感,唠叨着家长里短,传递着正确的价值观念。在中国家书的发展历程中,例如在汉魏六朝时期因其“为艺术而艺术”的形式主义流弊,使得部分家书作品沦落至徒有华文,失去了“情真意切”的灵魂旨要,但纵观整个家书的发展历程,都体现出了贴地气但又不局限于生活的特点来。家书本质的功能是传递信息、通报事项,这其中既有家庭层面的事务，自然也包括国家层面的事务，例如曾国藩家书中就有很多涉及的是国家事务而非单纯的家庭事务。人们从日常生活中汲取撰写家书的灵感，但又将个人的见解、对国家和民族的担心等复杂情感掺杂其中，使得家书不仅仅是研究家庭成员关系的素材，更是研究时代和历史的重要资料。在家书的发展演变中，家书所传递的事项呈现出了逐渐多元化的特征来，在表达方式上也趋于更加的通俗化、简便化，这也为家书能够保持长时间的传承奠定了较好的基础。

（三）时代和历史的记录者

家书不仅仅是家人之间通信的工具，很多时候也是时代和历史的记录者和见证者。家书篇幅或长或短，涉及的事务或多或少，但就是短短的寥寥数语，却反映了一个时代、一段历史。通过对众多家书的分析可以看到，一些家书基于自身的视角描述了一个时代、一段你我都容易忽视或是不是很清楚的历史。例如抗战时期无数的抗日战士背井离乡，告别自己的父母、妻子、子女以及周遭的一切，留下了众多红色家书，这些红色家书既反映了严酷的抗日战争以及国共两党之间的纷争，更是成为红色文化的重要组成部分。[①]家书作为时代和历史的重要记录者，使得我们在阅读家书的时候可以更加鲜活地感受、了解某一段历史、某一个时代。这种鲜活的体验是我们阅读传统的历史教材以及书籍所无法感受到的。尝试着将家书应用于历史观、时代观、价值观的教育以及人才培养等工作中，无疑将发挥着更为积极的作用。

（四）重要的文化符号

家书是一种感染力极强的鲜活文本，西方人称之为“最温柔的艺术”，它不仅仅是一种亲人之间表达情感、告知事宜的工具，更是一种非常重要的文化符号。依托纸张，以信件为主要表现形式的家书，本身就是一种极具时代感和历史感觉的文化现象和文化符号。对于很多中老年人而言，收到一封家书是一件非常让人开心、感到幸福的事情。众人纷纷开展家书的比拼，看看谁家的家

---

① 刘若.论家书文化的育人功能及其传承研究[D].郑州：华北水利水电大学，2020.

书字写得更好，更富有文采和思想性。众多学者开展家书方面的研究，形成了家书的研究热潮。可以看到的是，家书作为中国传统文化的重要组成部分，那些传承下来的家书，不是简单的沟通交流的工具，其载体、表现形式、内容都使得其作为文化符号的特性是难以否定的。随着时代的发展和信息技术的进步，电子家书逐步取代了传统家书而被人们所传承，这相较于传统家书而言无疑有很多不同，但其作为互联网文化重要组成部分的地位却是无可置疑的。

四、家书文化的育人功能

（一）情感功能

在流传至今的众多经典家书中，往往是长辈写给晚辈的，当然也不乏平辈即兄弟姐妹之间的家书，这当中主要以父母与子女的交流为主要形式，曾国藩家书、毛泽东家书等莫不是如此。父母与孩子之间的这种朴素情感或许是世界上最值得歌颂，也是最淳朴、无私的一种情感。在字里行间掺杂着朴素的、复杂的情感。在家书中，父母们对孩子们的谆谆教诲跃然纸上，而且这种教诲显得十分的自然，子女对父母的敬仰、思念等同样跃然纸上。从一封家书中，看到的不仅是父母对子女深沉的爱，同时也可以作为子女情感的寄托。家书通过文字的方式传递了长辈对晚辈的一种朴素的情感，在异国他乡的游子们，每当夜深人静而倍感寂寞时，拿起家书仔细阅读，这个时候父母与长辈仿佛就在眼前，那种思乡之情、思母之情、思父之情便得到了很好的释放。当然，在亲友之间，通过书信的方式进行沟通联系，可以在很大程度上维系彼此的情感，增进彼此的了解。当前随着互联网的发展，人们之间的沟通看似简单便利，但是相互的心理距离却在逐渐变大，传统家庭伦理、亲情伦理也发生了深刻的变化，在此情况下家书作为传统文化中的杰出代表，其教益及其蕴含的真情足够打动人心，在浮躁焦虑的社会转型期，最能点燃大众内心对日渐荒疏的亲情的渴望。因此，家书的一个非常重要的功能就是情感功能。

（二）教育功能

家书的教育功能是与家书的内容紧密联系在一起的，江西财经大学人文学院新闻传播系的副教授吴辉在给女儿的一封信中,就女儿人生的道德、专业、知识、阅读、竞争等九个领域的知识在这封信中进行了详细的阐述。吴辉基于自己的人生经历,本着对女儿负责的态度,花费了几个月的时间来写家书,这封家书也曾惊动了教育部。也正是因为吴辉的这一封信,女儿吴阳顺顺当当地度过了大学生涯,走在了正确的人生道路上。好的家书不仅仅是当事人人生智慧最为直观的体现,更是包含着当事人对受众满满的爱惜之情。字里行间表露的不是简单的说教,而是集情感、知识、鼓励、要求等为一体,能够帮助受众走在健康的成长之路上。当然,家书背后反映的是家庭文化如何。

古往今来,流传至今的名家家书无疑是整个家族智慧的集中体现,而后代们用"江山代有人才出"验证了家书和良好家庭文化重要的教育价值。与此同时,在信息相对闭塞以及通信不很发达的古代,家书是人们特别是留守在老家的子女、晚辈们了解外面世界的一个重要窗口。在这些家书中,长辈们用简短的语言描绘着当时"精彩"的外部世界,用语言启蒙着孩子们,帮助他们塑造起正确的认知。当然,家书的教育功能不仅仅体现其对家庭成员的教育上,也体现在其对社会其他成员的教育上。在很多家书中传递的是中国人朴素的价值情感,这种情感上的真切性更容易引发受众的共鸣。因此,将家书作为重要的思想政治教育和社会教育素材,有助于更好地发挥家书的价值和作用。①

(三)文化功能

家书本身就是一种文化现象,古往今来各国著名的家族均有着撰写家书、传递家书和收藏家书的传统,流传至今的一些名家家书中不仅仅闪耀着智慧的光芒,更是作为一种文化现象得到了众多学者的深入探讨。从整个的历史长河来看,家书深刻反映了一个时代的特点。《曾国藩家书》深刻地反映了封建时代末期的政治生态,寥寥数语跃然纸上。这些家书有着专属于这个时代的烙印,从多个维度对时代以及家庭文化进行了深入揭示,因此这个时候的家书已经超出了文化符号的范畴,成为一个时代文化的重要代表。家庭是社会的

① 马雪晴.传统家书与家训的现代育人功能[J].开封文化艺术职业学院学报,2021(9).

细胞,家庭文化在形成和发展的过程中需要以一定的形式来予以记录和弘扬,而家书则是较为合适的一种形式。通过家书的通信往来,确保家庭文化始终能够得以传承。

(四)行为功能

家书是一种行为上的指导,明确提出了哪些可为、哪些不可为。古往今来,无论是那些名家的家书亦或是普通人家的家书,其实均不约而同地扮演了行动指南针的功能,即引导、约束和调整行为。引导行为即告诉当事人哪些行为是禁止的,哪些是可以做可以不做的,而哪些又是必须做的。约束即对当事人的行为做一番约束,安徽桐城的六尺巷就是因为张英的一封书信中的一句话“一纸书来只为墙,让他三尺又何妨”,短短的一句话既表达出了大学士张英的大度,同时也很好地对家人的行为进行了约束,由此也在历史上留下了一段佳话和美谈。调整则是家书在引导、约束之后进行的补救措施,通过讲道理、讲事实、摆威严的方式来要求对方做出正确的行为。很多时候,家书的行为功能是极其重要的一个功能。在长辈、父母不在身边的时候,一封家书当中的短短数语就能让家庭成员们茅塞顿开,放下不该有的成见和不理智、不成熟的想法,从而走在正确的人生道路上。

(五)沟通功能

除了上述功能外,家书还同时具备了沟通功能。沟通功能较为常见的有着以下三种:一是通报个人信息,即向家人告知个人近期的状况,包括做了什么事情,有什么想法、体验和经历等,涉及情感、学习、生活等诸多方面。这样的家书可能仅仅是一种事实的表达,也有希望对方回应的意思;二是办事情,即在家书中请求帮助,这种帮助既包括金钱物质层面的帮助,也包括解决情感方面的困惑;三是报平安,适用于外出的人向家人报个平安。在通信不很发达的古代,报平安除了让人带口信外,通过家书的方式是一个更加主流的方式。

五、利用家书传承中国传统文化的路径

中国传统文化是中华民族的突出优势,中华民族伟大复兴需要以中华文

化发展繁荣为条件，必须结合新的时代条件传承和弘扬好中国传统文化。将家书有机地融入课堂教学、校园文化生活、家庭教育之中，可实现对中国传统文化的传承。

(一)融入课堂教学，让书写在家书里的文字活起来

思想政治理论课在育人方面发挥主渠道、主阵地的作用。在日常的思想政治理论课教学过程中，可以将家书文化与课堂教学有机融合，号召青年学生书写家书，朗读名人家书、红色家书、廉政家书，让“书写在古籍里的文字都活跃起来”。一方面可以培养学生的自我教育意识，另一方面可以培养学生的责任意识和看齐意识，达到“见贤思齐，见不贤而内自省”。公共生活、职业生活与婚姻家庭生活，是人们社会生活的重要领域，也是个人品德形成的重要领域。社会公德、职业道德、家庭美德、个人品德是青年学生进行道德修养、参加道德实践、锤炼高尚品格的重要内容，家书文化中蕴含从学、处世、交友、孝悌、忠诚、责任、节俭、公益等方面丰富的思想道德教育元素，也是对青年学生进行社会主义核心价值观教育的“活生生”教材。如武汉理工大学在“思想道德修养与法律基础”课堂教学中，号召学生积极开展“给父母写家书”活动，不仅获得了学生的认可和参与，还得到社会各界的关注和赞誉。①

(二)融入校园文化活动，增强家书的影响力和感召力

显性教育与隐性教育的结合，是提高育人实效性的重要途径。学生除了课堂学习外，参加丰富多彩的校园文化活动也是日常生活不可或缺的重要组成部分。学校可将家书融入学生日常生活之中，使学生通过亲身实践和体验感受家书的魅力，于无声处受启发。学校可以结合“世界读书日”、重要历史活动纪念日等节点，举行家书相关主题活动，如邀请书信文化专家开展家书历史讲座，举办家书文化沙龙，开展家书征文活动等，还可以邀请家书文化研究者张丁、“平民家书第一大户”彭怀玉等现身说法。组织学生参加家书文化论坛、参与抢救全国家书文化项目等系列活动，提高大学生对家书的关注度和热爱度，进而增强家

① 余海超，韦冬雪.论家书与中华优秀传统文化的传承[J].广西社会科学，2017(9).

书的影响力和感召力。

(三)融入家庭教育,形成培育文明风尚的合力

家庭是人生的首个课堂,父母是孩子的第一任老师,担负起教育后代的光荣职责。传统家书犹如一座富矿,在言传身教、传知识、育品德方面有不可替代的作用,一些老一辈无产阶级革命家在给子女的家书中充满对子女的“谆谆嘱托,殷殷希望”,对后人产生深远影响。

随着通信技术的发达,父母与子女之间、亲人之间轻点屏幕、轻敲键盘即可共享通信技术成果,但是,不难想象,通过网络隔空进行的对话沟通,无论如何都显得文化底蕴不足。父母通过家书可以将人生得失与修身齐家方面的原则、方法传授给子女,帮助子女形成美好心灵,引导他们成长为对国家和人民有用之人。同时,子女通过家书与父母互道衷肠,倡导尊老爱幼、母慈子孝等中华民族传统家庭美德,进而形成培育文明风尚的合力,提高全社会文明程度。

第三节 在家庭教育中传承中国传统文化的策略

一、中华传统文化传承对于家庭教育发展的意义

在所有的教育形式中,家庭教育是基础,很早以前教育界就开始关注家庭教育之于孩子健康成长的重要影响。自古以来,中国家庭都十分重视道德素养的培养、家风的传承、人性的回归等,换句话说,家庭教育可以被理解为教孩子“做人”的教育。而具体的教育内容则是以中华传统文化的精髓为基础,重点关注个人的自我革新、自我完善,强调与社会和谐共处,与自然和谐共生。例如,在中国传统文化中,就非常强调“孝亲、谦卑、诚信、友善”的理念,这些思想对于孩子健全人格的形成有着不可忽视的重要作用。由此可见,中国传统文化思想虽然已经有了千年的历史,但是对于现代社会家庭教育的发展依然有着十分重要的参考价值。

首先,学习中国传统文化,能够有效地推进家长综合教育能力的提升。对于孩子来说,他们的第一任教师就是自己的父母,同时父母也是陪伴孩子时间最久

的一任教师,可以说,孩子每一个习惯的养成,都会受到父母言行的影响。现阶段,我国大多数家长的行为都还处于较低的层次,因此,要想使理想型的家庭教育能够成为现实,提升家长的综合教育能力十分有必要。家长在学习中国传统文化的过程中,其归纳所学到的知识的能力也能得到提升,能够对生活中见到的事物进行完整的梳理进而有效地提升自身的综合判断能力,在此基础上,不断提升自身的家庭教育水平。

其次,学习中国传统文化,能够帮助家长找到家庭教育的着力点。家庭教育是一项科学性很强的活动,有着自身独特的规律和方法。不论是现代还是在古代,不论社会环境如何变化,也不论孩子自身处于哪一个成长阶段,对于家庭教育来说,都是有章可循的。换句话说,家庭教育有其固有的着力点,可以采取以点带面的方式,逐步实现孩子健全人格的形成。而要想实现这样的教育目标,家长就需要努力学习中国传统文化的相关知识。要培养孩子良好的品德,就要重视对孩子进行劳动教育、生活习惯教育、学习习惯教育等,要教会孩子如何做人,就要对孩子进行人文教育、人格教育、人才教育等。只有深入学习中华传统文化,家长才能更加深刻地认识家庭教育的内涵,对家庭教育中存在的问题有更加清晰的了解。不断提升自身的家庭教育水平,使孩子能够得到更加全面的教育。

二、中国传统文化在家庭教育中的传承内容

(一)道德教育

1.“德教”与“修身”合一

“德教”是中国古代教育尤其是家庭教育的主要内容。孔子是德教的积极倡导者和践行者,《论语》可以说是德教的儒家入门教程;孟子是德教的推广者,梦想着“沛然德教溢乎四海”理想图景,《孟子》一书处处闪烁着德教的光芒。刘劭在《人物志·材能》中明确根据人才不同材质而分类出“有德教师人之能”。其实,德教一直贯穿于古代家庭教育、私塾教育、社会教育的全过程,是社会生活中各种道德观念、道德规范对个体的一种重要规范、约束、熏陶、教育

和影响方式,有明显的社会性、集体性及一定程度的强制性。

"修身"是中国古代教育尤其是家庭教育的主要方式。《说文解字》释义"修身"云:"修者,饰也,治性之道,必审己之所有余,而强其所不足;身者,躯也,凡身之属皆从身。"《大学》提出"修身为本"。《论语》指出"人有五仪:有庸人,有士人,有君子,有圣,有贤。审此五者,则治道毕矣"。朱熹、王阳明也有很多关于修身的论述,曾国藩更是通过日记方式践行修身。其实,"修身"就是每个人立身处世的根本法则,是个体内在的道德良知的自我觉悟及自我品行的不断淬炼。

把"德教"与"修身"合一,突出了以规律、规矩、规范、秩序、制度为外在要求的道德与良知、德行、修养、素养为内在要求的修身之间的合二为一。将"德教"与"修身"合一并落实到当代家庭教育,对于家庭教育具有重要价值。

2."知道"与"笃行"合一

"道"是中国古代教育尤其是家庭教育的德教纲领和核心,是一切关系的总和。无形的道体现为有形的德,所以"知道"即"大学之道,在明明德",即要通晓天地运行之道,深明人世变化之理,悟透本性光明之体。"笃行"是"修身"的必然要求,是将所掌握的"道"明确为德并落实在现实生活中。

将"知道"与"笃行"合一,贯穿了中国古代教育包括家庭教育的全过程。在教育"细胞"的家庭中将"知道"与"笃行"合一,充分挖掘王阳明心学的精髓,对于增强国人文化自信具有重要的作用。

(二)美德教育

美德教育是道德教育的具体化和表现方式。

1.自强不息的美德之魂

自强不息,来源于《周易》乾卦:"天行健,君子以自强不息。"这四个字是乾卦内涵的高度概括,是中国传统文化的美德之魂,贯穿了中华民族的发展历程。

2.厚德载物的美德之根

厚德载物,来源于《周易》坤卦:"地势坤,君子以厚德载物。"这四个字是坤卦内涵的高度概括,是中国传统文化的美德之根,贯穿了中华民族的发展历程。任何事情在求上进的过程中，都要适可而止，恰到好处，有原则和道德底线。

3. 蒙以养正的美德之神

蒙以养正，来源于《周易》的蒙卦："蒙以养正，圣功也。"蒙卦主要阐述了教育主客体如何相互良性运行及互动的方式。《序卦传》："屯者，物之始生也。物生必蒙，故受之以蒙。蒙者蒙也，物之稚也。"这里的"蒙"和西方教育中的"蒙"含义不同。西方教育所谓的启蒙，在很大意义上首先认定教育对象本身是蒙昧的，有原罪的意味。蒙卦中的"蒙"之所以蒙昧，是因童蒙未发而被外在东西遮蔽，如镜之蒙垢、目之蒙翳，若将垢和翳剔除，本体自明。如何剔除，核心和关键是一个"正"字。止中有上，上中有止，意为不偏斜，平正，符合法则与道理，亦即《中庸》所谓"致中和"，如此，则必然"天地位焉，万物育焉"①。可以讲，蒙以养正是中华民族教育成功的关键因素之一，是落实立德树人根本任务的重要发力点，是中国传统文化的美德之神。

（三）人文教育

1. 处世之道：和而不同

中国传统文化之处世之道在家庭教育中的传承内容，主要是和而不同。"和"即事物多样性的统一，"同"即相同事物的叠加。孔子曰："君子和而不同，小人同而不和。"（《论语·子路》）。其实，和而不同即在人与人之间相处时待人要和谐友善，但不求与对方苟同，最好的方式是"志同道合"。

在家庭教育中汲取和而不同的人文精神，对于培养孩子健全的人格和良好的人际交往能力意义重大。

2. 教育之道：因材施教

中国传统文化之教育之道在家庭教育中的传承内容，主要是因材施教。因材，即依据资质；施教，即施加教育。因材施教指教育者针对受教育者个体身心、年龄、兴趣、志向、能力等不同状况，有的放矢地开展差别化教育教学，促进受教育者获得最佳发展。孔子是因材施教理念的大家，如弟子问"闻斯行

① 柳路行，杨继文. 谈中华优秀传统文化在家庭教育中的传承[J]. 文教资料，2020(16).

诸”(《论语·先进篇》),回答有的是“有父兄在”,回答有的是“闻斯行之”,之所以不同,是因为“求也退,故进之;由也兼人,故退之”。

在家庭教育中汲取因材施教的人文精神,要求家长理解、尊重孩子的不同个性,不能从成人的角度要求孩子,不能以其他孩子的水准要求自己孩子的水准,更不能以他人的优点对比自己孩子的缺点,“苔花如米小,也学牡丹开”(《苔》),须知有些孩子所谓的“笨”,也许是兴趣爱好不同,也许是花期不同。因材施教对促进孩子健康发展、增强孩子自信、实施公平教育意义重大。

3. 教化之道:道之以德

中国传统文化之教化之道在家庭教育中的传承内容,主要是道之以德、齐之以礼。意为用道德引导百姓,用礼制同化百姓,百姓有羞耻之心且会归于正途。子曰:“道之以政,齐之以刑,民免而无耻;道之以德,齐之以礼,有耻且格。”(《论语·为政》)又曰:“为政以德,譬如北辰,居其所而众星共之。”可见孔子认为在教化中应德法并重,但道德礼制教育起基础性作用。

在家庭教育中汲取道之以德、齐之以礼的人文精神,家长要做道德的模范,注重以德服人,以理服人,不能一味对孩子进行规范或惩戒,并不能起到治本的作用。须知“其身正,不令而行;其身不正,虽令不从”(《论语·子路》)。

三、在家庭教育中渗透优秀传统文化的策略

(一)家长要转变教育理念,重视优秀传统文化

对于每个人来说,只要不离开家庭,就会永久地接受家庭教育。可以说,家庭教育是终身教育,在家庭教育中渗透优秀传统文化会符合时代的要求,对家庭成员的影响是深远的。国家、社会和个人都应当重视传统文化。国家应健全法律、法规,保护优秀传统文化,提高传统文化在社会中的传播力度,营造一个全民学习传统文化的氛围,让越来越多的家长认识到传统文化的重要性,促使家长们主动参与到传统文化的学习中来,丰富自己的学识,为教育孩子做好铺垫。

(二)家长要提升自身的文化素质,加强对传统文化的研究

俗话说:“活到老,学到老。”家长要想成为一名合格的家长,就需要树立终身学习的意识,根据孩子不同年龄段的需求加强引导和教育,丰富自己的知识储备,提升自身的文化素质,从而更好地辅导孩子的学习和生活,做好孩子的引导者和领路人。在日常生活中,家长可以通过很多渠道来学习优秀传统文化,可以从朗朗上口的古诗词开始,也可以从寓言故事、成语故事入手,还可以借助网络视频课程、经典咏流传等电视节目学习优秀传统文化,加深对传统文化的研究,增加自身的文化底蕴,从而更好地为家庭教育服务。对受西方教育思想影响较深的家长,要有意识地学习优秀经典作品,树立民族自豪感,认识到中华民族文化的博大精深、传统文化的作用是巨大的,不再盲目地排斥优秀传统文化,让孩子在生活中感受优秀传统文化,如对孩子进行孝道的熏陶。学校也可以开办“家长课堂”,定期向家长介绍教育信息,让家长分享有关家教方面的心得体会,帮助家长科学教育子女。教师要走到家长的中间,听取家长的意见和建议,从而实现家校合作。

(三)利用各种平台渗透优秀传统文化

当今社会,网络平台和新媒体层出不穷,并且受到家长和孩子的喜爱。大人和孩子从中既可以感受到玩耍的乐趣,还可以学到许多知识和技能。家长要充分利用这些平台的优势,在家庭教育中渗透优秀传统文化,如可以和孩子一起观看《中华好诗词》《中国诗词大会》《中国汉字听写大会》等综艺节目①,使孩子在愉快的氛围中了解我国历史,了解中华民族优秀传统文化;家长还可以关注一些讲述优秀传统文化的公众号,和孩子一起学习传统文化;也可以充分利用互联网资源,搜集更多的优秀传统文化,和孩子一起感受传统文化的魅力。家长要为孩子树立一个好习惯,督促孩子养成阅读国学经典的好习惯,让孩子在笔墨书香中感悟优秀传统文化的真谛。每次阅读以后,家长可以把阅读过程中自己对优秀传统文化的感悟写下来,可以记在笔记本中,也可以记录

① 殷莉君.浅谈在家庭教育中渗透优秀传统文化的策略[J].天津教育,2021(13).

在微博、朋友圈中,让更多的人关注传统文化。

(四)通过日常生活细节,适时渗透传统文化

传统文化的渗透存在于生活的点滴中,家长在进行家庭教育时要注意抓住细节,及时渗透,通过生活中的小事培养孩子的孝心、责任心和宽大的胸襟。如在餐桌上就餐时,可以向孩子讲述中国古代筵席中的各种礼节、坐法等,让孩子学会餐桌礼仪,懂得尊老爱幼,提升孩子的个人修养;督促孩子学习时,可以为孩子讲述凿壁借光、囊萤映雪的故事,激励孩子刻苦读书,促使孩子长大以后成为对国家有用的人才;在进行家务劳动时,可以向孩子渗透古人的勤劳和智慧,给孩子讲述愚公移山和精卫填海的故事,让孩子树立起家庭责任感,增进家人间的感情;家长还可以借助中国的传统节日对孩子进行传统文化的渗透,为孩子讲述传统节日的来源和风俗习惯,并组织一系列的家庭活动,使孩子切实感受到传统节日的氛围。家庭教育应该与社会教育、学校教育结合起来,形成一股合力,坚持学校、家庭、社会紧密协作的整体格局,使孩子吸收传统文化的精髓。

(五)利用传统文化艺术活动,帮助孩子体验优秀传统文化

家庭教育不能局限在家庭中进行,家长还应该带孩子走出去,通过欣赏传统文化艺术活动激发孩子的活力,让孩子欣赏优秀传统文化,顺应孩子的成长规律。家长可以利用双休日的时间带孩子去欣赏民族歌舞、民间曲艺,还可以去参观各种书画展,领略名家大师的风采,或者带孩子去各种体验馆参观,体验传统工艺的制作,使孩子在手工制作中体验古代人的聪明智慧和辛勤劳动,增强对古人的敬佩之情。在家庭教育中,家长的陪伴是必不可少的,家长应给予孩子更多的时间,带孩子去了解更多的优秀传统文化,了解中国的文化历史,拓宽知识面,提升孩子的人文素养,使中华民族优秀传统文化得到发扬。